내 마음,

어디까지 알고 있니?

내 마음,
어디까지
알고 있니?

글 · 임인구   그림 · 용정운

불교신문사

현장경험이 생생하게 살아 있는…
깨달음에 기반한 상담사례

내가 임인구 박사와 가까워지게 된 특별한 계기가 있다. 불교상담 전공을 맡으면서 불교와 심리상담 나아가서는 철학의 접점을 찾는 와중에 '실존상담'이 눈에 들어왔다. 임 박사 전공이 실존상담인지라, 전화를 걸었다. "교수님 기존의 실존상담과 현대의 실존상담이 많이 달라졌습니다." 임 박사와 전화상으로 잠깐 이야기하면서도 현대의 실존상담의 사조가 불교와 유사하다는 것을 느낄 수 있었다.

이때부터 임 박사와 나는 매주 한 번씩 만나면서 실존상담과 불교에 대해서 이야기를 나누었다. 임 박사는 불교 가운데 선불교에 특별히 관심을 보였다. 우리의 만남은 일 년 이상 지속되었고, 이러한 관심이 임 박사의 '실존상담과 무아적 실재의 조우'라는 박사학위 논문으로 이어지게 되었다.

임 박사는 이후에도 선불교적인 감성을 가지고 꾸준히 자신의 상담에 적용하는 작업을 지속하였다. 그 결과 최근에 깨달음에 기반한 상담(awakening based counseling)을 함께 개발하기에 이르렀다.

마침 〈불교신문〉에서 불교상담에 특별한 관심을 보였고, 〈불교신문〉에 임 박사의 현장경험이 생생히 살아 있는 상담사례가 연재되었다. 2년에 걸쳐서 꾸준하게 연재된 글이 이제 책으로 나오게 되었다. 한국의 불교상담학계는 여전히 불교를 곁들인 상담과 상담프로그램이 위주인 데 반해서 임 박사의 상담은 부처님의 가르침을 상담 장면에서 녹여내고 있는 상담이라고 할 수 있다. 불교상담의 전범이 될 수 있는 하나의 모델이 될 것으로 생각한다.

불교상담 또는 불교를 현대적으로 활용하고 싶은 모든 분들에게 임인구 박사의 이 책을 추천한다.

2017년 5월

윤희조(서울불교대학원대학교 불교상담학 전공 주임교수)

집착

내 마음,
어디까지 알고 있니?

배신

번뇌

내 마음,
어디까지 알고 있니?

사랑

온전함은 관심을 통해 피어난 꽃입니다

"불교상담의 특징은 무엇인가요?", "불교상담은 다른 심리상
담과 어떤 점이 다른가요?", "불교상담이 우리의 삶에 어떻게
도움이 되나요?"….

불교상담에 대한 많은 물음이 있습니다. 아주 단순하게 불
교상담의 정의를 내려보자면 '부처님이 보여주신 길을 따라 인
간의 문제에 다가가는 대화의 방법론'이라고도 할 수 있을 것
입니다.

그런데 여기에서 중요한 것은 '우리에게 부처님이 보여주신
길이 무엇인가?'라는 물음일 것입니다. 17세기 일본의 선승이

자 시인이었던 마쓰오 바쇼는 다음과 같은 시를 통해 우리에게 이 물음에 답하기 위한 중요한 지점을 암시합니다. "옛사람을 좇지 말고, 옛사람이 좇던 것을 좇으라."

이처럼, 부처님이 보여주신 길을 따른다는 것은 곧 부처님이 좇으시던 것을 우리도 함께 좇는 것이라는 사실을 알 수 있습니다. 그렇다면, 부처님은 대체 무엇을 좇으셨을까요? 이에 대해 묘사될 수 있는 다양한 언어들이 존재하겠지만, 여기에서는 이를 '온전함의 현실'이라고 지칭해 보도록 하겠습니다.

온전함은 유사한 단어로서 '무결함' '여여함' '그러함' 등으로 표현될 수 있습니다. 그리고 우리의 마음이 구체적으로 이 온전함을 경험할 때는, 스스로에게 이미 아무 잘못이 없고, 이미 괜찮으며, 이미 충만한 감각으로 곧잘 드러나곤 하죠.

이 책을 통해 안내하고자 하는 불교상담의 주된 초점은 바로 이 '온전함의 현실'의 발견입니다. 그것도 바로 지금 우리가 발붙이며 살아가고 있는 이 저잣거리의 일상 속에서 직접 발견하고자 합니다. 부처님이, 브라만들처럼 먼 의식세계 속 피안의 낙원을 추구하는 일을 거부하고, 늘 지금 이 대지 위에서 살아 숨쉬는 온전함을 발견하고자 하셨다는 사실에 우리는 특히 주목할 필요가 있습니다.

우리 또한 그럴 것입니다. 불교상담은 우리의 가장 일상적인 문제에 관심을 가지며, 그 일상성 속에서 가장 존귀한 온전함의 현실을 드러내려는 기획을 품습니다. 불교상담에서는 이 온전함의 현실에 대한 발견이 곧 부처님이 우리에게 가장 명료하게 보여주셨던 길이라고 아는 까닭입니다.

우리는 흔히 기지(旣知) 속에 미지(未知)가 있다고 얘기합니다. 불교상담에서는 우리가 새로운 무언가를 해야 하는 것이 아닙니다. 그저 우리가 이미 알고 있다고 생각하던 것이 우리에게 진정 몰라질 때, 거기에는 그 미지에 대한 관심이 자연스럽게 싹틉니다. 그리고 그 관심의 힘으로 말미암아 우리의 현실이 새롭게 보이게 됩니다. 바로 그 자리에서 우리가 경험하게 되는 것이 온전함입니다.

이처럼, 온전함은 관심을 통해 피어난 꽃입니다. 너무나도 불만족스럽고 힘들었던 현실 속에서, 그 현실 속의 미지를 바라보는 관심이 처음 출현할 때, 그 순간 기존의 현실은 가장 생생한 꽃밭으로 불현듯 화하게 됩니다. 바로 이 일상의 기적과도 같은 순간에 대해 불교상담은 가장 정직한 증인이 되고자 합니다.

이 책을 통해 우리는 함께 물을 것입니다. 우리의 마음이 일상 속에서 경험하는 모든 순간에 대해 "이것 또한 온전한가?"라고 말입니다. 그럼으로써, 특정한 진리체계 또는 이론에 입각한 정답을 제시하는 것이 아니라, 매번 제시되는 구체적인 사례들이 담고 있는 '이미 그 자체로서의 온전함'을 드러낼 것입니다. 그렇게, 꽃 한 송이, 미소 한 줌을 함께 나누고 싶습니다.

불교상담이 열어가는 온전함의 현실을 안내하는 자리에서 이렇게 뵙게 되어 무척이나 기쁘고 반갑습니다. 그리고, 진심으로 감사합니다. 이것 또한 온전한가요?

집착

게임에
미쳐 사는
우리 아이
때문에

"

　　고1 아들을 둔 엄마입니다. 요즘 게임중독 얘기는 많이 들었지만 저희 아들이 그럴 줄은 몰랐어요. 너무 속상합니다. 애가 중학교 때 어느 날부터인가 피씨방을 다니기 시작하길래 그런 곳에 꼭 가야 되냐고 했더니, 거기 가야만 친구들을 사귈 수 있다고 해서 그냥 이해하는 마음으로 놔두었습니다. 애가 성적이 나쁜 것도 아니고, 요즘 애들 문화인가 보다 하고 말이죠. 그런데 중학교 내내 피씨방에서 사는 시간이 길어지더니 점차 집에서도 새벽까지 게임을 붙잡고 있는 거예요.

그래도 이해해 보려고 했어요. 중학교 때까지만 그렇게 놀고 고등학교 올라가면 정신차리겠지 하는 마음에요. 그런데 웬걸요. 고등학교에 올라가더니 상황은 더 심각해졌습니다.

이번 달 제 카드명세서를 봤는데 100만 원 정도가 무슨 결제요금으로 찍혀 있는 거예요. 그래서 깜짝 놀라 애한테 물어보니 자기가 게임에서 뭐 사는 데 카드로 결제를 했다고 합니다. 정말 앞이 깜깜해지고 지금 상황이 정말 심각하다는 걸 느꼈습니다. 남편에게 말해 애를 호되게 혼냈는데, 애가 울면서 하는 말이 자기가 큰 돈을 마음대로 쓴 건 잘못했지만, 친구들한테 잘 보이려면 정말 그 아이템이 없으면 안 되는 거라고, 엄마 아빠가 그런 거 하나 못 해주냐고 도리어 역정을 내는 거 있죠. 정말 어떻게 해야 될지 모르겠습니다. 애가 게임에 미쳐 제정신이 아닌 것 같아요.

"

:: 안녕하세요. 게임에 과도하게 몰입한다고 보이는 아이 때문에 많이 속상하시군요. 특히 게임 때문에 엄마 카드까지 마음대로 갖다 쓰는 극단적인 행동까지 보이니 정말 많이 걱정되시겠어요. 아이가 게임중독에 빠졌다고 말씀하시니

저희가 먼저 중독이 무엇인가에 대해 함께 알아봐야 할 것 같습니다.

중독은 대체적으로 모종의 심리적 이득을 얻기 위해 특정한 도구를 습관적으로 남용하는 행위로서 정의됩니다. 그런데 여기에서 중요한 것은 중독행위 자체가 아니라, 중독에 빠진 이가 과연 어떠한 심리적 이득을 얻고자 하는가 하는 점입니다. 이 경우 아이가 직접 얘기했듯이, 아이는 게임을 통해 친구들과의 친밀한 관계를 얻고 싶어하는 것 같습니다. 친밀한 관계 속에서 누릴 수 있는 어떤 이득들이 있는 까닭이겠죠.

친밀한 관계를 얻고자 게임에만 몰입한다는 것은, 역으로 얘기하면 게임 외에는 친밀한 관계를 그 어디에서도 얻지 못하고 있다는 의미이기도 합니다. 아이에게 있어서 게임이라는 도구는 자신이 바라는 친밀한 관계를 제공할 대상과 접촉할 수 있는 유일한 수단일 것입니다. 게임에 과도하게 집착하는 것으로 보이는 아이의 모습은, 바로 그만큼이나 친밀한 관계를 필요로 하는 절실한 모습인 것이죠.

저희가 여기에서 조금 더 나아가 볼 수도 있을 것입니다. 아이가 게임 내에서 통용되는 비싼 아이템을 구매했습니다. 그럼으로써 게임 내 자신의 가치를 드높이고자 한 것이죠. 즉, 아

아이는 게임에 미쳐 100만 원을 쓴
바보나 중독자가 아니라,
100만 원을 쓰지 않고는 자신이
얼마나 귀한 존재인지를 좀처럼
실감할 수 없었던 슬픈 소년입니다.

내 마음,
어디까지 알고 있니?

이는 최소 자신이 그 역시도 큰 돈이라고 지각하는 100만 원만큼의 가치가 있는 존재라고 주장하고 있는 것입니다. 아이는 100만 원을 게임 내 자신에게 투자함으로써, 자신이 적어도 100만 원만큼은 가치 있고 소중하다는 사실을 발견하고 싶어하는 것입니다. 우리가 보편적으로 많은 액수의 돈이 귀하다고 느끼는 만큼, 아이 자신이 스스로 그렇게 귀한 존재라는 사실을 확인하고 싶어하는 것입니다.

질문자 님의 아이는 게임에 미쳐 100만 원을 쓴 바보나 중독자가 아니라, 100만 원을 쓰지 않고는 자신이 얼마나 귀한 존재인지를 좀처럼 실감할 수 없었던 슬픈 소년입니다. 그 소년은 친밀한 관계 속에서 자신이 참으로 귀하다는 사실을 얼마나 간절히 확인하고 싶었을까요. 또 그런 것들을 쉽사리 얻지 못해 얼마나 쓸쓸한 마음으로 작은 모니터 속으로 들어가야 했을까요. 질문자 님의 관심이 향해야 할 곳은 질문자 님의 게임중독자 아이가 아니라, 이 세상에서 내가 귀한 것을 누가 좀 알아달라고 목놓아 외치고 있는 바로 그 슬픈 소년일 것입니다. 그 소년의 목소리를 한번 들어보세요. 반드시 듣게 되실 거예요. 그 소년은 우리 모두에게 속한 까닭입니다.

결혼생활이
불만인데
남편과 헤어지기는
싫어요

❝   안녕하세요. 결혼 7년차에 아이가 하나 있는 주부
입니다. 요즘 사는 게 너무 보람도 없고 힘들어요. 제가 결혼을
요즘 추세보단 조금 일찍 해서 그런지 아직 서른 중반인데도
벌써 단물 다 빠지고 껍데기만 남은 것 같습니다. 하루하루가
무기력하고 우울하고 그래요. 남편이랑도 그냥 같이 애 양육하
는 부모역할로만 남은 느낌이고요. 서로 존중이야 하지만 뭔가
깊게 소통한다든가 알콩달콩 사는 재미는 전혀 없는 것 같아
요. 물론 연애할 때처럼 똑같이 좋을 수야 없겠지만 그래도 남

편이 인생 사는 재미를 주면 좋을 것 같은데, 저를 그냥 애엄마로만 생각하지 더는 여자로 느끼진 않는 것 같아요. 그래요. 사실 저도 이런 걸 남편에게 기대할 수 없다는 건 잘 알지만, 그래도 제가 좋다고 결혼한 거면 서로 좀 노력하면 좋을 것 같은데요. 이 상황을 좀 낫게 만들도록 얘기를 해보자고 해도 시큰둥하거나 짜증만 내고 그럽니다.

요즘 거의 매일같이, 차라리 아직 한 살이라도 젊을 때 이 사람과 헤어지고 새로운 삶을 시작해볼까 하는 생각도 들어요. 그렇다고 남편이 나쁜 사람도 아니고 싫은 것도 아니라 그건 또 아닌 것 같고요. 애도 있는데 그건 더욱 어려운 얘기 같아요. 뭘 어떡해야 할지를 모르겠습니다.

제가 남편에 대해 좀 집착하는 건가 싶기도 해서, 그냥 남편에 대한 기대를 놓으려고도 해보지만, 그럴 거면 뭐하러 같이 사나요? 부부인데 어느 정도 기대하는 건 당연한 거잖아요. 그런데 남편은 저한테 이젠 그런 기대도 없는 듯해 그게 더 속상합니다. 차라리 결혼하지 말고 연애만 하고 살면 좋았을지도 모르겠어요.

”

::   네. 안녕하세요. 현재 겪고 계신 상황이 불만스러워 뭔가를 해보려고 하시지만, 이것도 아니고 저것도 아닌 것 같아 많이 답답하고 혼란스러우신 것 같습니다. 어떻게 해야 좋을지 모르겠다고 하셨잖아요. 그렇다면 그 '어떻게' 이전에, 질문자 님께서는 대체 뭘 하고 싶으신지를 함께 살펴봐야 할 것 같습니다.

질문자 님이 무기력하고 우울하게 느끼시는 상태는 곧 남편에게서 여자로 인정받지 못하는 상태였죠. 연애 때처럼 남편이 질문자 님을 여자로 느낄 때는 질문자 님이 원하는 소통과 재미를 얻으실 수 있었는데, 이제는 그걸 얻지 못하고 계시네요. 이 얘기는 즉 질문자 님이 원하시는 것은 바로 이 소통과 재미라는 얘기입니다. 그리고 이 소통과 재미를 얻는 조건이 바로 남편이 질문자 님을 여자로 느끼는 것이었고요. 그런데 지금은 이 조건 자체가 부부관계 속에서 성립되지 못하는 것 같으니, 질문자 님이 바라시는 소통과 재미도 얻지 못하는 것처럼 느끼시는 것 같습니다. 우리의 소망이 거듭 좌절되는 자리에서 우리가 경험하게 되는 것이 바로 무기력감과 우울감이죠.

이 얘기를 아주 쉽게 해보면, "과거에 당신은 나를 여자로 봐주면서 좋은 것들을 나에게 줬는데, 이제는 나를 여자로 안보

24 •

남편 분이 더는 산타할아버지가 아니라면,

이제 다른 산타할아버지를 찾으러 가실 건가요?

그렇게 계속 질문자 님에게 선물을 줄

산타할아버지들을 찾아 온 세상을 헤매실 건가요?

니 내가 그 좋은 것들을 얻을 수 없게 되어서 너무 힘들어." 일 것입니다. 그래서 이 상황을 집착이라고 말할 수 있다면, 질문자 님은 남편 분에게 집착하는 것이 아니라, 남편 분에게서 받았다고 느낀 그 좋은 것들, 즉 소통과 재미가 있던 여자로서의 삶의 모습에 집착하고 계신 것입니다. 그게 너무 좋으셔서 본인의 현실 속에 계속 그 좋은 것들을 놓아두고 싶으신 것이죠.

이러한 집착은 놓아져야 하는 것이 아니라, 이해되어야 하는 것입니다. 정말로 우리가 무엇을 바라는지를 명료히 이해함으로써 다시 한 번, 또한 늘 새롭게 이루어져야 하는 것입니다.

남편 분이 질문자 님의 삶의 어느 순간에 산타할아버지처럼 아주 멋진 선물을 질문자 님에게 전해 주었습니다. 그로 인해 질문자 님은 너무 행복하셨고요. 여기서 초점을 맞추어야 할 것은 질문자 님이 받은 선물이 대체 무엇이며, 그 선물이 얼마나 감동스러운 선물이었던가에 대한 이해이지, 내가 이제는 여자가 아니기 때문에 산타할아버지가 더는 선물을 안 주는 것이라는 한탄이나 산타할아버지에 대한 원망이 아닐 것입니다.

우리는 이미 받았습니다. 이제 더는 못 받는 것이 아니라, 더 받지 않아도 될만큼 충분히 받은 것입니다. 그 사실을 알 수 있는 방법은 단 한 가지입니다. 예를 들어, 우리가 물을 받아서 갖고 있다는 사실을 확인하기 위해서는 우리가 누군가에게 물을 줘보면 됩니다. 그럼으로써 우리는 물을 갖고 있는 우리의 모습을 발견하게 되고, 물이 정말로 우리의 것이며, 그것이 우리에게서 잃어버릴 수 없는 것임을 알게 됩니다. 질문자 님의 남편 분이 더는 산타할아버지가 아니라면, 이제 다른 산타할아버지를 찾으러 가실 건가요? 그렇게 계속 질문자 님에게 선물을 줄 산타할아버지들을 찾아 온 세상을 헤매실 건가요?

아닙니다. 그저 질문자 님이 누군가에게 산타할머니가 되어 질문자 님도 감동받으셨던 그 멋진 선물을 주실 수도 있다는 사실만을 발견해 보십시오. 이를테면, 이제 더는 산타할아버지가 아닌 자기 자신을 어쩌면 자책하고, 미안해하며, 그렇기에 그만큼 질문자 님을 더욱 멀리 대하게만 되는, 과거에는 멋진 산타할아버지였으나 이제는 무기력하고 우울해진, 질문자 님 옆의 그에게 말이죠. 그에게서 질문자 님을 여자로 만들어주는 선물을 받기를 원망과 한탄 속에서 기다리기보다, 그를 남자로 만들어주는 선물을 성큼 줘보세요. 그 과정에는 분명 재미와 소통이 함께 할 것입니다. 그렇게 선물의 감동은 다시 한 번 두 분의 삶 속에서 새롭게 꽃피어날 거예요.

제 아이가
이 세상에서
없어졌으면
좋겠어요

"
　　　제가 이런 얘길 하는 게 너무 이상한 거라는 걸 알
아요. 저도 제가 제정신이 아닌 것 같습니다. 저는 엄마로서 패
륜적이고, 아예 엄마 자격도 없습니다. 사실은 제가 이렇게 비
정상이고 정신이 아픈듯 해 정신과에 가볼까 고민하던 중에
한번 메일을 드려봅니다. 저는 이제 딱 30살인데요. 결혼을 일
찍 해 세 살배기 아들이 하나 있습니다. 학교 졸업하고 얼마
안 되어 결혼했거든요.
　　남편이랑은 이혼을 한 상황인데, 남편이 알콜 문제가 심한

데다가 술을 먹으면 다른 여자랑 바람을 많이 펴 참다못해 이혼을 하게 되었습니다. 그런 아빠 밑에서 자라는 게 너무 불쌍해 어떻게든 아이는 제가 키우겠다고 완강하게 고집해서 결국 제가 아이를 맡게 되었고요. 그래서 더욱 힘든 것 같습니다. 그렇게 고집해서 지키게 된 아이인데도, 저는 아이를 보면 너무 밉고 화가 납니다. 차라리 이 세상에서 없어졌으면 좋겠다고 생각할 때도 있어, 그런 제 자신이 너무 무섭고 소름끼치기도 합니다. 아이가 없으면 이런 피곤한 생활을 그만 하고, 새로운 삶을 찾을 수도 있을 텐데요.

아침에 아이를 어린이집에 맡기고 출근해서 저녁에 돌아오면 아이 밥 먹이고 집안 일을 하는데요. 아이가 지금 나이가 나이라 그런지 말을 잘 안 듣고, 자꾸 제 할 일도 못하게 보채고 징징대기만 합니다. 할 일이 많은데도 자꾸 자길 안아달라고 칭얼거리고요. 주말에도 바람 좀 쐬러 나가지를 못해요. 그런 게 너무 화가 나서 어떤 때는 그냥 아이랑 같이 죽을까 하는 생각도 합니다. 누구 도와줄 사람도 없는데 왜 이 아이는 자기 생각만 하고 제 마음을 정말 이렇게 몰라줄까 원망스럽습니다. 이런 제 자신이 갈수록 미쳐가는 것 같아요.

"

아무도 도와주는 이 없는

　세상에서 질문자 님이 홀로 시름하시듯이,

아이 또한 아무도 도와주는 이 없는

　세상에서 도와줄 이를 찾아 울고 있는 것뿐입니다.

그 마음은 둘이 아니라 하나입니다.

내 마음,
어디까지 알고 있니?

:: 　　　　안녕하세요. 혼자 아이를 키우시느라 정말 많이 힘드신 것 같아요. 아이도 뜻대로 안되고, 그럴 때마다 아이에게 부정적인 감정을 느끼는 스스로를 자책하게 되니 그게 더 힘드실 것 같습니다. 이게 윤리적 문제가 아니라, 생리적 문제라는 사실을 먼저 드러내고 싶습니다. 질문자 님은 뭔가를 잘못하신 게 아니라, 그저 힘드신 것입니다. 여기에 누구도 잘못한 사람은 없습니다. 힘든 사람만이 있을 뿐이죠.

　왜 힘들까요? 우리가 원하던 삶을 현재 살고 있지 못하기 때문입니다. 우리의 삶이 불만족스럽기 때문입니다. 질문자 님이 새로운 삶이라고 말씀하신 그 얘기에는 질문자 님이 살고 싶은 그 어떤 삶의 모습이 있을 것입니다. 바로 질문자 님이 살고 싶은 그 삶의 모습을 제대로 살고 있지 못하기 때문에, 고통은 단지 고통으로 느껴지고 얻는 것은 없으니 그렇게 힘드신 것입니다.

　그리고 질문자 님이 원하는 그 삶을 살지 못하는 원인으로서, 아이가 하나의 족쇄처럼, 질문자 님의 소망을 방해하는 하나의 장애물처럼 사뭇 느껴지시니, 아이에 대해 화가 많이 나시는 듯합니다. 이것이 결코 누군가의 잘못과 관련된 윤리적 문제가 아니라, 생리적 문제라는 얘기를 다시 한 번 드리겠습니다. 질문자 님은 현재 많이 힘드십니다. 그렇다면 질문자 님이 경험하시는 그 힘겨움은 아이의 잘못인가요? 아닙니다. 여기에 잘못한 사람은 없습니다. 아이 또한 그렇게 힘든 것일 뿐입니다. 아무도 도와주는 이 없는 세상에서 질문자 님이 홀로 시름하시듯이, 아이 또한 아무도 도와주는 이 없는 세상에서 도와줄 이를 찾아 울고 있는 것뿐입니다.

그 마음은 둘이 아니라 하나입니다. "너무 힘들어 죽을 것 같으니 누가 좀 도와주세요. 누가 좀 나를 상냥하게 안아주세요."라는 목소리를 가진 하나의 마음입니다. 아이가 질문자 님의 말을 안 들어 질문자 님이 화가 나실 때, 아이의 모습을 한번 보십시오. 눈을 크게 뜨고 한번 보십시오. 고작 신장 1m도 되지 않는 작고 약한 존재일 뿐입니다. 질문자 님을 위협하거나 해칠 수 있는 괴물이 아닙니다. 아이는 질문자 님의 삶에 조금의 위협도 가할 수 없습니다. 아이의 울음소리는 질문자 님의 삶을 붕괴시키려는 악마의 협박이 아닙니다.

너무나도 작은 존재의 간청일 뿐입니다. "혼자 있는 이 세상이 너무 무서우니 저를 좀 안아주세요."라는, 질문자 님의 가슴에서 자라나 아이의 입으로 피어난 바로 그 간절한 소망입니다. 그렇게, 혼자라서 너무 힘들고 무서운 이 세상에 누군가

내 마음,
어디까지 알고 있니?

의 품을 바라는 그 마음은, 아이에게나 질문자 님에게나 동일한 마음입니다. 아이를 품어주시는 것은 곧 질문자 님 스스로를 품어주시는 것입니다. 품을 필요로 하는 마음에게 따뜻한 품이 즉각적으로 응답되는 것입니다. 그럼으로써 안기고 싶은 그 마음을, 즉 질문자 님 스스로를 구원해 주시는 것입니다.

다시 한 번 말씀드립니다. 이것은 두 사람 사이의 관계에서 드러날 수 있는 윤리적 문제가 아닙니다. 오직 하나의 외로운 마음이 하나의 상냥한 품을 필요로 하는 생리적 문제일 뿐입니다. 아이를 꼭 안고, 이렇게 네가 무섭고 쓸쓸했구나, 그리고 이렇게 내가 무섭고 쓸쓸했구나, 그 느낌을 가득 느끼시면서, 두 사람이 서로 안은 품속에서 이미 하나가 된 체온을 발견해 보세요. 그 따뜻한 온기가 바로 질문자 님과 아이의 마음이 편히 쉴 자리입니다.

아양 떠는
그 사람
참 꼴보기
싫어요

"

요즘 스트레스를 받고 있는 일이 있네요. 제가 한 법사님한테 마음공부를 배우러 다니는데, 저와 같은 여자 참석자들 중에 유난히 아는 척을 하고, 자기는 수행도 오래 했다면서 티를 내는 사람이 있어요. 그런데 이 여자 하는 걸 보면 그 법사님한테 잘 보이고 싶어서 하는 말인 게 너무 티가 나서 주변 사람들도 다 알 정도에요. 그리고는 매일 선물 갖다 바치고, 식사 대접하고, 아니 마음공부 하는 사람이 덕이 높은 법사님을 모셨으면 공부나 열심히 할 것이지, 연예인 따라다니듯이 대체 이게 뭐하는 짓인가요?

한번은 제가 마음을 먹고 그 여자를 점잖게 타일러 봤는데, 자기가 법사님 밑에서 열심히 공부하는 게 부러워 그러냐면서 살살 약을 올리지 뭐에요. 참 정말 황당해서 화도 안 나더군요. 법사님은 또 왜 그런 여자를 깨우쳐 주시지 않고 그대로 두시는지 그것도 이해가 안 가고요. 어떤 때는 둘 다 아주 꼴 보기 싫어요. 이럴 땐 대체 어떻게 해야 할까요?

"

::   안녕하세요. 참으로 생생한 얘기 감사드립니다. 드러내기에 굉장히 미묘한 부분을 솔직하게 얘기해 주셔서 더욱 감사드려요. 이러한 양상의 갈등이 특정한 지도자를 모시는 종교단체 또는 수행단체 속의 관계에서는 곧잘 일어나곤 합니다. 먼저 조심스럽게 꺼내볼 수 있는 얘기는, 지금 질문자 님이 경험하시는 그 감정이 바로 질투라는 것입니다. 이런 좋은 기회를 빌려, 우리가 함께 질투를 재발견할 수 있는 근사한 순간이 온 것 같습니다.

연예인을 좋아하는 팬들끼리 서로 시샘하고 비난하는 상황은 우리에게 아주 익숙한 광경입니다. 거기에서 작용하는 마음 또한 바로 질투에요. 연예인을 표현 그대로 아이돌(idol)이라고 합니다. 이 아이돌의 의미는 '이상적인 상(像)'이에요. 아이돌을 좋아하는 이들은 그 아이돌을 통해 표현된 '자기 스스로의 이상적인 모습'을 보고 싶은 것입니다. 즉, 아이돌에 대한 모든 추구는, 이상적인 스스로에 대한 모든 추구에요.

그런데 아이돌에게서 스스로의 모습을 보고 싶어한다는 이 사실을 확인하지 못했을 경우, 우리는 우리가 보고 싶은 그 이상적인 특성을 아이돌에게만 귀속시키게 됩니다. 스스로는 그러한 이상적인 특성을 갖지 못해 부족한 사람이 된 채, 아이돌에게서만 그 특성을 얻기 위해 두문불출하게 됩니다. 대개는 아이돌에게 심리적·물리적으로 가까워짐으로써, 그 이상적 특성을 획득할 수 있다고 착각하게 되죠.

우리가 위협받는 현실은 이 지점에서 만들어집니다. 우리보다 더 아이돌과 가까운 것처럼 보이는 누군가가 있을 때, 그는 우리가 얻고자 하는 그 이상적 특성을 뺏어갈 수도 있는 위협적인 사람처럼 느껴지게 되니까요.

그러나 여기에서 정말로 확인되어야 할 사실은, 우리가 아이돌을 좋아하는 이유는 그 사람 자체가 아니라, 그에게서 우리 스스로의 이상적인 모습을 보고 있기 때문이라는 사실입

오히려 안쓰러워 하세요.
　　남의 정수기 옆에서 열심히
　　　　땅을 파면 물을 얻을 수 있다고
　　고집부리고 있는 그의 모습을요.

니다. 아이돌의 모습이 우리 스스로의 모습임을 알게 된다면, 그 스스로의 모습은 더는 누구도 뺏을 수 없다는 사실 또한 자연스럽게 확인됩니다.

질투는 단순하게 '나도 당신처럼 되고 싶어!'라는 신호입니다. 그리고 우리는 그 신호를 정확하게 받아들일 필요가 있습니다. 아이돌과 가까운 거리를 형성하고 있는 누군가가 아이돌의 특성을 획득할 수 있다는 건, 이른바 완벽한 착각이니 이에 대해 예민해지실 필요가 없습니다. 오히려 안쓰러워 하세요. 남의 정수기 옆에서 열심히 땅을 파면 물을 얻을 수 있다고 고집부리고 있는 그의 모습을요.

그리고 질문자 님께서는 오직 이 질투라는 강렬한 신호를 통해, 본인이 정말로 원하는 게 무엇인지만을 확인해 보세요. 그건 다만 법사님처럼 멋진 질문자 님 스스로의 모습을 드러내고 싶으신 것이잖아요. 이처럼 정확한 목표를 겨냥해 활시위를 당기세요. 마음공부는 노력이 아니라 정확함에 달려 있습니다. 정확하게 스스로를 겨누셨을 때, 이미 질문자 님은 본인이 되고 싶어했던 그 스스로의 모습임을 아실 수 있을 거예요.

엄마없이 자라서
여친에게서
엄마를 찾는다고?

"

      30대 초반 남자인데요. 요즘 들어 저에게 큰 문제가 있다는 사실을 알게 되었습니다. 이번에 헤어진 애인이 이러한 심리상담을 공부했었는데요. 그 친구가 저에게 관계에서 도망치는 비겁자라고 얘기하면서, 제가 엄마 없이 자랐기 때문에 여자에게서 엄마를 찾아 기대는 그런 불건강한 관계를 반복한다고 했습니다. 그렇게 제가 결국엔 엄마가 되어버린 현재 애인을 버리고 여자로 느껴지는 다른 사람을 찾아 가게 되면 상대에게 큰 상처를 주게 되는 거라고 하더군요. 솔직히 많이 찔렸던 것 같습니다.

왜냐하면 제가 애인이 자주 바뀌었던 건 사실이거든요. 그게 저도 늘 이상하게 생각했던 부분입니다. 분명 어떤 사람이 좋을 때는 모든 열정과 혼신을 다해 정말 세상의 모든 걸 다 줄 정도로 많이 챙겨주고 사랑하거든요. 그런데 그게 오래가지 않습니다. 금방 질리고 힘들어져서 괜히 애인한테 짜증만 많이 내게 되고요. 처음엔 잘해 주다가 제 모습이 그렇게 부정적으로 돌변하니 상대들은 상처를 받는 것 같아요. 저도 정말 안 그러고 싶은데 왜 그런지 모르겠습니다. 새로운 상대를 만날 때마다 이제는 정말 오래오래 이 좋은 관계를 잘 유지해야지 결심하는데도 그게 잘 안 됩니다. 애인이나 친구들에게 책임감 없다는 얘기도 많이 들었고요.

사람을 사랑하는 관계는 쉽게 만드는 게 중요한 게 아니라, 변하지 않도록 서로 최선을 다하는 게 중요하다고 저도 그렇게 생각합니다. 그런데 저는 제 책임을 다하지 않고 늘 제가 편한 쪽으로만 도망쳐온 것 같습니다. 저도 제가 계속 이런 걸 반복하는 게 힘들고, 자신이 너무 비겁하고 한심한 사람 같습니다. 어떻게 해야 무책임한 제 모습을 바꿀 수 있을까요?

"

::   안녕하세요. 좋아하는 사람을 만나 처음에는 뜨겁게 사랑하지만 금방 질려 다른 사람을 찾게 되는 일을 반복해서 경험하고 계시는군요. 그 경험 속에서 주위의 다른 이들이나 연애의 상대에게 관계에 책임지지 않는 비겁자라는 평가를 받게 되어 힘들어 하시고요. 새로운 사람을 거듭해서 만나는 일을 문제처럼 느끼고, 무책임하다는 평가에 힘들어 하신다는 얘기는, 질문자 님 또한 하나의 관계를 지속해야 하는 게 바른 일이라고 생각하신다는 거잖아요. 그 바른 모습대로 질문자 님 본인이 살지 못하는 것 같으니 또한 스스로를 비난하게 되는 이유가 되고요.

그럼 저희가 그 모든 바른 얘기들과 관계없이 정말로 있는 사실들을 함께 확인해 봤으면 좋겠습니다. 질문자 님의 애인관계가 지속되지 않는 건 질리기 때문이라고 말씀하셨어요. 질린다는 건 무엇일까요? 한도까지 다 썼다는 것입니다. 금방 질린다는 건 빠르게 소모했다는 것이고, 크게 질린다는 건 강하게 소모했다는 것입니다. 즉, 질문자 님이 금방, 그리고 힘들 정도로 크게 누군가에게 질린다는 얘기는 그만큼 뜨겁게 열정적으로 그 누군가를 사랑했다는 사실을 드러냅니다.

상대 분이 엄마가 된 것처럼 느낀다는 것은 엄마처럼 되어

이 세상에서 가장 아름답고 뜨거운
　　　그 무엇도 결코 유지될 수 없다는 사실을
　　가슴 깊이 슬퍼해 주세요.

내 마음,
어디까지 알고 있니?

주고 싶었다는 거잖아요. 그렇게 질문자 님에게 이 세상에 없는 엄마가 차마 되어주고 싶을 정도로 상대 분 또한 질문자 님의 그 열렬한 마음에 뜨겁게 호응해준 것이고요. 그래서 이것은 언제나 단지 서로 뜨겁게 사랑했던 두 사람의 이야기입니다.

그만큼 뜨겁게 사랑했기 때문에 불타서 남지 않았습니다. 즉, 유지될 수 있는 형상이 사라졌습니다. 그러니까 너무 그렇게 스스로를 채찍질하지 마세요. 이 세상에 유지되는 것이 없다는 사실은 질문자 님의 책임이 아니라, 우리 인간 모두의 슬픔입니다. 그래서 이것은 다시 한 번, 언제나 단지 서로 뜨겁게 사랑했던 두 사람의 이야기가 결코 유지될 수 없었던 하나의 슬픔의 이야기입니다.

질문자 님이 관심을 가지셔야 할 지점은 바로 이 슬픔의 역사입니다. 질문자 님이, 질문자 님의 상대 분이, 그리고 우리 모두가, 언제인가 그리고 또 어느 때인가에 바로 그렇게 슬펐고, 또 그렇게 슬플 거라는 사실을 많이 슬퍼해 주세요. 그리고 이해해 주세요. 이 세상에서 가장 아름답고 뜨거운 그 무엇도 결코 유지될 수 없다는 사실을 가슴 깊이 슬퍼해 주세요. 그 슬픔을 잘 느낌으로써 질문자 님의 상대 분들 또한 얼마나 슬펐는지도 내 몸처럼 알게 되실 거예요. 그게 바로 이 관계에서 정말로 알려져야 할 것들입니다. 부디 그 마음을 정확하게 알아주세요.

마음이 필요로 하는 건 책임질 사람이 아니라, 마음의 목소리를 들어줄 상냥한 귀이며, 마음의 무게를 담아줄 따뜻한 가슴입니다.

엄마는
불안한데,
너무 느긋한
수험생 아들

"

　　　이제 막 고2가 된 아들이 있는 엄마입니다. 중학교 때까지는 아들에게 제가 양보도 많이 하고 잔소리도 자제하곤 했는데, 이제는 정말 객관적으로도 수험공부를 해야 하는 때잖아요. 그래서 제가 아들의 생활에 많이 개입을 하려고 합니다. 그런데, 제가 뭘 하려면 확실하게 해야지 그러지 않으면 좀 불안해지는 성격이라, 지금까지 허술했던 아들의 생활패턴을 하나하나 변화시키려고 하니 아들은 그걸 못견뎌하는 모습입니다.

제 주변 친척 분 중에 대학을 못가서 정말로 인생이 꼬인 분이 계시거든요. 저는 그런 불안한 삶이 싫습니다. 그런 실사례를 아들에게 얘기해줘도, 오히려 자신은 불안하지 않은데 왜 자신에 대해 부정적으로 보냐고 화만 내지, 진지하게 인생을 준비할 다짐을 못하는 것 같습니다. 어떻게 해야 할까요?

""

::   안녕하세요. 수험생 아들을 둬서 염려가 많으시겠어요. 수험생들 자신의 고생만큼이나, 학부모님들 또한 함께 고생하고 계시다는 사실은 명백하죠. 아들이 행복한 삶을 살 수 있게 돕고 싶은 그 마음의 움직임이 명확하게 드러나도록 저도 함께 도울 수 있었으면 합니다.

그렇다면 여기에서 우리가 함께 초점을 맞춰야 할 목표는 아들의 행복이겠죠. 아들에게 개입을 하고 싶은 유일한 이유가 아들의 행복이라는 사실에 동의해 주실 수 있으신가요? 네, 이 사실에 동의를 해주실 수 있다면, 우리는 이제 함께 연합되어 있는 것 같지만 실은 각각 독립되어 있는 두 주제를 얘기해 볼 수 있을 것 같습니다.

아들의 행복은 본인도 원하고 아들 자신도 원하는 사실입

아들에게는 자신이 이 세상에
　　태어나서 행복할 권리가 있을 뿐,
　　　　어머니의 불안을 대신 해소해야 할
　의무는 없습니다.

니다. 두 사람이 함께 공유하며 추구할 수 있는 목표가 이렇게 정당하게 드러날 수 있으며, 이것이 첫 번째 주제입니다. 그러나 본인께서 아들의 현재 모습에 불안을 느끼는 반면, 아들은 자신의 모습에 불안을 느끼지 않는 또 하나의 사실이 있습니다. 이 경우, 불안의 해소를 바라는 건 오직 어머니 본인일 뿐이며, 이것은 우리가 첫 번째 주제와 분리해서 다뤄야 할 두 번째 주제입니다.

동의해 주신 바와 같이 아들의 행복이 본인의 유일한 목표라면, 그 목표는 불안이라는 주제와는 아무 관계도 없다는 사실이 확인될 수 있습니다. 실제로 아들의 불안을 자극하는 일은 화만 야기할 뿐, 아들이 자신의 행복이라는 목표를 위해 실제적으로 움직이게 되는 동기는 전혀 되고 있지 못하니까요. 이는 아들 자신이 바라는 행복이 무엇인지에 대한 탐색과 그로 인한 동기화의 문제일 뿐, 불안을 개입시켜서 이루어질 수 있는 목표가 아닙니다.

누군가가 현재 불안을 불편하게 느끼고 있다면, 그 불편감을 해소해야 하는 주체는 다른 누구도 아닌 바로 그 자신입니다. 아들이 어머니의 말을 따라야만 어머니의 불안이 해소될 수 있다는 이해는, 아들이 어머니 대신 물을 마시면 어머니의 목마름도 함께 해소될 수 있다는 얘기와도 같습니다. 정말로 불가능한 일이죠. 심지어 아들은 목이 마르지도 않은데 말입니다.

　현재 불안하지 않은 아들에게 어머니 본인과 같은 불안을 느끼도록 요청하는 일은, 아들의 행복이라는 목표를 이루는 데 있어서 조금도 효과적이지 않은 방법일 것입니다. 본인도 불안한 걸 싫어하시면서, 왜 아들이 불안을 느끼기를 바라시나요? 사랑하는 아들에게 어머니 본인이 좋아하는 걸 주고 싶지, 싫어하는 걸 주고 싶지는 않으시잖아요.

　아들에게는 자신이 이 세상에 태어나서 행복할 권리가 있을 뿐, 어머니의 불안을 대신 해소해야 할 의무는 없을 것입니다. 본인께서는 바로 그렇게 아들이 행복해지기를 정말로 원하시잖아요. 그렇다면 아들의 행복과 본인의 불안이 별개의 문제라는 사실을 이해하시고, 아들이 행복의 감동을 느끼는 삶의 모습에 대해서만 함께 나누어 보세요. 누군가의 가슴을 불안의 위협으로 뛰게 하는 것보다, 감동의 생생함으로 뛰게 하는 것이, 진정 그를 움직이게 합니다.

수행으로
깨달았는데
주변 사람들이
무시해요

"

불교상담이라고 해서 한번 여쭤봅니다. 제가 마음
공부에 뜻을 두고 열심히 수행한 지 이제 15년 정도 되어가고
요. 그동안 많은 경험도 하고 한 깨달음도 이루었습니다. 내가
정말 없는 무아의 단계를 경험했고, 부처님 말씀이 정말 사실
이라는 걸 알았습니다. 그래서 이 진리를 주변 사람들에게도
전하고 함께 나누고 싶은데, 사람들은 자꾸 환상에 사로잡혀
못 알아듣는 것 같고 답답함을 느낄 때가 많습니다. 사람들과
깊은 관계를 쌓기도 힘들고요.

내 마음,
어디까지 알고 있니?

저는 사람들이 아직 근기가 부족해 그런 줄 알았는데, 책을 보니 이런 관계성의 문제는 수행과는 별개의 분야인 상담으로 풀어야 한다는 얘기도 있고 좀 혼란스럽습니다. 불교상담에서는 이런 문제에 대해 어떻게 얘기합니까?

"

::   안녕하세요. 오랜 시간 열심히 살아오신 수행자 분이시군요. 고생만큼 이룬 보람도 참 크시겠습니다. 진리를 만난 감동이 크신 만큼, 사람들과 그 감동을 깊게 나누고 싶으실 것 같아요.

질문자 님께서 갖고 계신 이러한 관계에의 욕구는 분명 상담의 주제가 맞습니다. 그렇지만 이 욕구 또한 수행과 별개의 분야는 아니라고 생각됩니다. 최소 이 지면을 빌어 소개하고자 하는 불교상담에서는 수행과 상담을 구별된 작업으로 간주하기보다는, 마음을 드러내고 만남으로써 마음을 자유롭게 해방시키고자 하는 동일한 실제로써 간주합니다.

이 말은, 수행을 통해 질문자 님이 발견하신 불교적 진리가 있다면, 그 진리를 소위 상담에서 다루는 주제라고 이해되고 있는 관계성의 문제에 대해서도 똑같이 적용해 보시라는 얘기

바로 앞에 있는 마음을
　진정으로 만나는 일이 핵심이지,
　　특정한 '나'의 정체성을 유지하고자 하는 일이
　핵심은 아닐 것입니다.

내 마음,
어디까지 알고 있니?

입니다. 이는 다음과 같은 탐구의 물음들을 함축합니다.

본인은 여전히 깨달은 상태이신가요? 여전히 깨달음이 필요했던 그 마음이신가요? 모든 것이 변해가며 그 상태 그대로 유지될 수 없다면, 깨달은 마음 또한 유지될 수 있는 것일까요? 또한 본인에게 사람들과의 관계를 추구하며 그 관계로 인해 좌절하고 있는 '나(我)'가 이미 있는데, 그걸 과연 무아(無我)라고 할 수 있는 것일까요?

우리가 깨달음이라는 것을 유지하기 위한 의도로 '깨달은 나'라는 정체성을 붙잡고 있다면, 그 정체성은 다른 정체성들과 마찬가지로 관계에 있어서 똑같은 한계로 작동합니다. 이를테면, 늘 선생님이고 싶은 사람이 가족에 대해서도 선생님처럼 행동하는 모습과 늘 병장이고 싶은 사람이 군대 밖으로 나와서도 병장처럼 행동하는 모습을 우리는 쉽게 떠올려 볼 수 있습니다. 이러한 모습을 보이는 사람들이 타인과 관계를 맺는 일에 있어서 어려움을 느낄 것이라는 사실 또한 우리는 쉽게 이해할 수 있을 것입니다.

바로 이러한 일입니다. 수행이나 상담이나 동일하게 바로 앞에 있는 마음을 진정으로 만나는 일이 핵심이지, 특정한 '나'의 정체성을 유지하고자 하는 일이 핵심은 아닐 것입니다. 수행

속에서 본인이 누구인지 아셨듯이, 사람들과의 관계 속에서 드러나는 본인이 누구인지도 한번 탐구해 보시면 어떨까요.

목마른 자가 스스로 물을 찾아 떠나듯이, 깨닫고 싶은 마음이 스스로 깨닫기 위한 여행을 떠납니다. 이와 동일하게, 관계를 원하는 마음은 스스로 관계가 무엇인지 알고자 하는 탐구의 여정을 떠날 필요가 있습니다. 어느 특정한 한자리에 앉아, 왜 사람들이 관계라는 물을 안 갖고 오냐고 사람들을 부족하게 보고 답답해하신다고, 질문자 님이 필요로 하시는 물이 자연스럽게 구해지는 것은 아닙니다. 깨달음을 나누는 자비라고하는 것은 깨달은 사람이 부족한 사람에게 하사하는 것이 아니라, 둘 다 똑같이 이미 부족하지 않은 자임을 드러내는 것이아닐까요. 그렇다면, 질문자 님께서는 이제 자비에 대한 가장생생한 탐구의 기회를 얻으신 것입니다.

아버지는
왜
저에게 같은
삶을 요구할까요

"

　　　　대학교 새내기인 남학생입니다. 고3 내내 고생하다가 이제 원하던 대학에 들어와서 좀 하고 싶은 것도 하면서 시간을 보내고 싶었는데 뜻대로 되지 않아 우울합니다. 특히 아버지께서 요즘같이 취업하기 힘든 시기에 미리 준비를 해둬야 나중에 고생하지 않는다면서 큰 압박을 주십니다.

　아버지도 저랑 비슷하게 사람 좋아하고 취미활동을 즐기셨지만, 그런 걸 꾹 참고 열심히 노력했기에 그나마 지금 같이 안정적으로 될 수 있으셨다며, 저에게도 제 자식들 결혼할 때까지는 책무를 다하라고 말씀하십니다. 아니, 제가 계속 놀겠다는 것도 아니고 잠시만 쉬자는 건데, 그런 얘기 자체를 아버지는 듣기 싫어하셔서서 정말 답답합니다. 아버지도 저랑 비슷하셨다면 오히려 저를 이해해 주실만 한데 왜 이렇게 완강하신지 모르겠습니다.

"

::   안녕하세요. 대학 입학과 함께 그동안의 긴 고생이 끝났다 싶었는데 여전히 고생의 길 위에 서 있는 기분이시겠어요. 질문자 님이 현재 끝나지 않은 고생의 길 위에 서 있고, 앞으로도 그러할 것이라는 느낌이 어떠신가요? 그 느낌을 경험하고 이해하는 일은 중요합니다. 왜냐하면 그 일이 바로 아버지의 완강함을 이해하는 일이기도 하거든요. 우리가 누군가로부터 이해받기를 원한다면 그 누군가를 먼저 이해하는 일이 가장 빠릅니다.

특히 이처럼 세대를 거듭해 반복되는 심리적 주제의 경우, 부모의 경험은 자식의 경험과 크게 다르지 않습니다. 마음이 공명한다는 표현을 써도 무방하고, 집단무의식이나 DNA 얘기를 해도 무방합니다. 요는, 정말로 사실적인 결과로서 가족 내

당신이 바로 가족 내에서
　　전승되어 온 비극을 멈출 수 있는
주인공이란 얘기입니다.

에서의 심리적 주제는 상속된다는 것입니다. 그러나 이는 어쩔 수 없는 족쇄와 같은 한계의 현실을 의미하는 것이 아니라, 아무리 유구하게 상속되어 온 심리적 주제라 할지라도 언제나 지금 이 세대의 온전한 응답에 의해 그 불운한 역사가 끝맺어질 수 있다는 기회의 현실을 의미합니다. 즉, 질문자 님이 바로 가족 내에서 전승되어 온 비극을 멈출 수 있는 주인공이란 얘기입니다.

질문자 님이 현재 갖고 계신 느낌이 너무나 우울하고 답답하시다면, 바로 그 느낌이 질문자 님의 아버지께서 숱하게 경험해 오신 바로 그 마음입니다. 질문자 님의 아버지 또한 질문자 님처럼 당신이 좋아하는 삶을 살고 싶으셨으나 그렇게 살지 못한 비극을 절절하게 경험하신 분입니다. 질문자 님이 현재 압박 받으시는 만큼, 아버지께서도 그렇게 압박 받으셨습니다.

그런데 왜 질문자 님의 아버지께서는 질문자 님을 이해하지 못하시는 걸까요? 아버지께서는 질문자 님보다 더 힘드셨기 때문입니다. 본인이 원하는 형태의 삶을 살지 못한 좌절이 더 크시기 때문입니다.

우리는 살고 싶은 삶을 억지로 포기해야 할 때, 그 포기를 정당화해줄 거대한 대의명분을 필요로 합니다. "인간은 ~해야만 해."라는 당위적인 가치관이나 신념, 이데올로기 등과 같은 관념들이 바로 그것이죠. 이러한 방식을 통해 우리는 관념으로 삶을 억누르게 됩니다. 그리고 이 억누름이 계속되다 보면 결국 우리는 관념에 마취됩니다. 그러한 삶이 얼마나 힘들고 괴로운지 그 아픔을 느낄 수 없게 된다는 것입니다. 아버지께서는 그렇게 끝내 자신을 마취시키셔야 될 정도로 힘들고 아픈 삶을 사셨다는 얘기입니다.

질문자 님에게 이 억지스러운 마취제를 맞으며 살아야 하는 삶이 똑같이 요구되는 일을 멈추기 위해서는, 그러한 삶이 정말로 아프다는 사실을 드러내야 합니다. 아픔이 있기에 마취제가 있는 것이니까요. 아픈 사람은 보살펴져야 하는 것이지, 마취시켜 아픔을 잊게 해야 하는 사람이 아닙니다. 아픔에도 불구하고, 마취되어 그 아픔까지 느끼지 못해 보살핌까지 못 받는 삶이라면 그 얼마나 서글픈 삶이겠습니까. 아버지께서도 질문자 님처럼 얼마나 힘들고 아팠는지 아버지의 경험에 다가가, 그 경험을 이해하고 보살펴 보세요. 아버지의 마음이 이해되는 만큼, 질문자 님의 마음 또한 이해받게 되실 것입니다. 같은 마음이니까요.

우리집에
귀신이
있는 것
같아요

    중학생 남자애를 키우고 있는 엄마입니다. 2년 전에 이혼을 해서 혼자 애를 키우고 있고요. 의지할 사람도 딱히 없어서 힘이 들지만, 그래도 아이 생각하며 정신 바짝 차려야지 하고 있답니다. 그런데 요즘 아이 때문에 걱정이 많아요. 부끄러운 얘기지만 애가 등교거부를 한 지 4개월이 넘었어요. 애를 억지로 학교에 데려가려고만 하면 거품을 물고 쓰러져 경련을 일으키곤 합니다. 그러면서 학교에 가면 누가 자길 죽인다고 했다면서 이상한 얘길 합니다. 애 방에 이상한 그림이나 부적 같은 것들도 붙어 있고요.

　하루는 자다가 잠깐 깼는데 애가 제 옆에 서 있는 거예요. 깜짝 놀라 왜 그러냐고 물어보니 어떤 무서운 여자가 마루에 서 있는 걸 꿈에서 봤다는 거예요. 그래서 이상한 얘기하지 말고 자라면서 그렇게 넘어갔는데, 한번은 제가 야근을 하고 늦게 와서 현관문을 열었더니 까만 그림자 같은 게 획 하고 아이 방으로 들어가는 걸 봤어요. 마치 애를 해칠 것 같은 느낌이 들어 방에 들어갔더니 아이는 자고 있더군요. 또 한번은 밤에 애가 창문을 보다가 저기 어떤 여자가 자기를 죽이려고 오고 있다고 그러는 거예요. 밖엔 아무 것도 없었는데 말이죠. 이런 일들이 반복되니 저도 지치고 섬뜩합니다. 집에 정말 뭐가 있는 거 같고요. 이런 것도 상담으로 도움 받을 수 있는 것인지 모르겠지만 어떻게 해야 할지 여쭤봅니다.

　　　　　　　　　　　　　　　　　　　　"

:: 　　　　안녕하세요. 직장도 다니고, 아이도 돌보고, 주변의 도움 없이 홀로 모든 일을 하셔야 되니 정말 힘드시겠어요. 질문자 님은 본인께서 정말로 힘들다는 사실을 알고 계신가요? 의지할 곳은 없고, 아이는 말을 안 듣고, 몸은 지쳐가고,

얼마나 억울하고 속상하시겠어요. 화도 많이 나실 겁니다. 왜 나만 이렇게 힘겹게 고생하며 살아야 하는지 원망도 생기실 수 있을 거고요. 혹시라도, 아이에게 미운 마음이 드실 때가 있을지도 모르겠습니다.

괜찮습니다. 화내도 괜찮고, 원망해도 괜찮습니다. 질문자 님이 뭔가를 잘못했다거나, 아이가 싫어서 그러신 게 아니잖아요. 너무 힘들어서 그런 것뿐인데요. 이렇게 힘든 질문자 님을 아무도 알아주지 않고 아무도 도와주지 않는데, 어떻게 화나지 않고 원망하지 않을 수 있겠습니까. 정말로 괜찮습니다. 질문자 님은 단지 지금 힘드신 것뿐입니다. 누군가가 현재 힘들어한다는 사실은 문제이나 잘못이 아닙니다.

만약 질문자 님이 길을 걷다가 무거운 짐 때문에 힘들어하는 사람을 보면 어떤 느낌이 드시겠어요? 너무나 측은하고 안쓰럽게 느껴지시지 않겠습니까. 그의 삶이 참 슬프게 느껴지지 않겠습니까. 그의 땀을 닦을 수건 하나라도, 음료수 하나라도 기꺼이 그에게 건네주고 싶어지시지 않겠습니까.

우리가 함께 발견할 수 있는 사실은 바로 이것입니다. 한 인간이 힘든 삶을 살고 있다는 것은 참 슬픈 일이라는 것입니다. 질문자 님이 힘든 삶을 살고 계시다는 것 또한 참 슬픈 일입니

우리에게 잊힌 마음들,
　　우리에게 소외된 마음들이 귀신이 됩니다.
귀신의 정체는 바로 슬픔입니다.

다. 현재 본인의 삶이 얼마나 슬픈지를 한번 가슴 깊이 느껴보세요. 그리고 스스로를 충분히 슬퍼해 주세요.

아이를 해치려는 귀신이 질문자 님의 집에 있는 것 같다고 하셨죠. 우리는 누군가를 왜 해치려 할까요. 자신이 힘들기 때문입니다. 자신을 힘들게 만드는 것처럼 느껴지는 대상을 없애면 힘들어지지 않을 수 있다고 믿기 때문입니다. 즉, 그 귀신도 질문자 님처럼 힘든 삶을 살고 있는 존재입니다. 질문자 님처럼 슬픈 존재입니다. 아이를 위협하고 해치려 하는 건 결코 아이가 미워서가 아닙니다. 그만큼 자신이 지금 힘들다고 슬픈 비명을 지르고 있는 것일 뿐입니다.

우리에게 잊힌 마음들, 우리에게 소외된 마음들이 귀신이 됩니다. 질문자 님이 경험하신 귀신의 정체는 바로 슬픔입니다. 질문자 님과 아이의 삶이 얼마나 안쓰러운지, 얼마나 슬픈지를 가슴 깊이 느끼시며, 슬픔을 이해하는 그 따스한 손길로 질문자 님 스스로와 아이를 가득 품으실 때, 이제 더는 그 어떤 존재도 질문자 님의 가정을 해치지 못할 것입니다.

내 마음,
어디까지 알고 있니?

내 뜻대로
되는 게
왜 없죠

"

      30대 직장인 남자입니다. 요즘 스트레스가 많습니다. 회사에서 제가 추진하는 프로젝트는 다 좌절되고, 솔직히 말하면 저보다 더 기획력이 부족한 사람들이 더 인정받는 등, 아무리 열심히 해도 회사에서 알아주지 않으니 미칠 것 같습니다. 분명 제가 추진하는 방식대로만 하면 회사도 잘되고 더 이득인데, 왜 굳이 안 좋은 길을 가는지 모르겠습니다.

     게다가 여자 친구도 잘 다니던 회사 관두고 뭐 비누 같은 친환경제품 만드는 일을 하겠다고 하는데, 그걸 하지 말라는 게

모든 독재가 실패한 이유는,
사람들의 뜻을 무시한 결과
독재자의 뜻 역시도 결국
무시 당하게 되기 때문입니다.

내 마음,
어디까지 알고 있니?

아니라 어느 정도 안정된 생활을 갖춘 후에 해야지, 지금 아무 자본도 없는 상태에서 덥썩 한다고 되는 일이 아니잖아요. 자기 현실을 정확하게 점검한 후 일을 진행해야 한다고 그렇게 조언해 주면 일 그만두겠다는 얘기는 가라앉지만, 그래도 얼굴에 짜증이 가득해서 저도 같이 짜증나게 됩니다. 제가 일방적으로 뭘 하라는 게 아니라 함께 잘되기 위해서 가장 좋은 길을 같이 고민하는 건데, 왜 이런 식인지 모르겠습니다. 회사든 여자 친구든 제가 좋아하는 사람들이 가장 잘되게 하고 싶은 것뿐인데 왜 이렇게 다 힘들죠.

"

::   안녕하세요. 질문자 님이 소중하게 여기는 것들이 잘되기를 바라시는데 그 뜻대로 되지 않아 많이 답답하시겠군요. 질문자 님의 뜻대로 모든 것이 펼쳐진다면 만사가 다 형통하리란 확신도 있으신데, 사람들이 다 무슨 고집인지 그 뜻을 무시하니 화도 많이 나실 것 같아요.

이처럼, 우리가 어떤 것을 원하는 바 그 뜻이 무시 당하면 우리는 화가 나게 됩니다. 그래서 우리를 화나게 만든 것처럼 여겨지는 대상의 얘기를 똑같이 무시하게 되죠. 그러니 만약 질문자 님의 뜻이 계속 무시되는 것처럼 경험된다면, 정확하게 확인해 보시는 게 좋을 것 같습니다. 질문자 님의 뜻이 관철되기를 바라는 대상들이 화가 나 있는 것은 아닌지, 그들 또한 먼저 무시받았다고 느끼는 것은 아닌지를요. 우리는 무시했기에 무시당하며, 무시당했기에 무시합니다.

아주 단순하게 이런 그림을 떠올려 보실 수 있습니다. 상대와 나 사이에 "뜻대로 안돼!"라는 교통 표지판이 놓여 있습니다. 그 표지판을 나에게 적용할 때는 "내 뜻대로 안돼!"지만, 그 표지판을 상대에게 적용할 때는 "니 뜻대로 안돼!"입니다. 즉, 내가 내 뜻대로 안된다고 느끼는 현실은 동시에 상대가 상대의 뜻대로 못하도록 내가 가로막고 있는 현실이기도 합니다. 그러한 현실은 나도 내 뜻대로 되지 않고, 상대도 상대의 뜻대로 되지 않는, 지극히 답답하기만 한 현실입니다.

이러한 현실을 펼쳐내는 마음을 독재의 마음이라고도 얘기합니다. 인간의 역사 속에서 현실적으로 모든 독재가 실패한 이유는, 사람들의 뜻을 무시한 결과 독재자의 뜻 역시도 결국 무시 당하게 되기 때문입니다. 그래서 독재로는 그 아무리 고귀한 뜻이라도 이룰 수 없게 되는 것이죠. 마음의 움직임은 정확합니다. 다시 한 번, 무시하면 무시 당하며, 무시 당하면 무시합니다.

　이렇게 표지판대로 정확하게 움직이는 게 마음이라면, 한번 새로운 교통정리를 해보시면 어떨까요. 질문자 님께서 뜻을 이루고 싶은 상대와의 사이에 이제는 "뜻대로 돼!"라는 표지판을 놓아 보십시오. 그렇게 상대의 뜻이 자연스럽게 이루어질 수 있도록 길을 열어 주십시오. 과거의 스승–제자 관계가 그러했죠. 우리의 길을 열어준 사람은 우리에게 가장 소중하고 고마운 존재가 됩니다. 그리고 상대에게 그러한 존재가 된 까닭에, 우리의 길 또한 결코 무시되지 않고 쾌청하게 열리게 됩니다. 우리의 뜻이, 뜻대로 함께 이루어지는 현실인 것이죠. 질문자 님이 좋아하는 사람들이 가장 잘되게 하고 싶으신 질문자 님의 소망이 바로 이렇게 이루어집니다.

배신

낳아줬다는
이유만으로
어머니를
부양해야 하나

"

　　30대 초반의 남자입니다. 이런 얘기를 하면 제가 패륜아인 것처럼 느껴져서 친한 친구에게도 말하지 못하는 고민이 있습니다. 그건 저희 어머니에 대한 문제인데요. 아버지가 몇 년 전에 돌아가신 후로, 저는 일하러 서울에 올라와 있고 어머니 혼자만 시골집에 남아 계십니다.

　　그런데 어머니가 연세가 더 드시면 제가 분명 부양을 해야 할 텐데, 사실 전 형편이 좋은 것도 아니고, 또 결혼 계획도 세워야 하고, 그런 여러 가지 상황들을 생각해 보면 어머니를 부양한다는 일이 너무 힘들게 느껴집니다. 자식된 도리로서 분명 제가 모시는 것은 맞지만, 왜 저는 이 당연한 의무가 답답하기만 할까요. 어떤 때는 '어머니가 날 낳아줬다는 이유만으로 과연 내가 어머니를 부양해야 할 의무가 있는 것인가?'와 같은 못된 생각이 들기도 합니다. 그럴 때마다 제가 너무 이상한 사람으로 느껴져서 미칠 것 같아요.

"

:: 　　　어려운 얘기 들려주셔서 감사합니다. 부양에 대한 커다란 의무감을 느끼고 계시네요. 동시에 그 의무감으로부터 벗어나고 싶은 자신을 이상하게 생각하고 계시고요. 하지만 그건 전혀 이상한 일이 아닙니다. 무거운 짐을 짊어지는 것을 좋아하는 인간은 없거든요. 의무가 무거운 짐으로 경험되는 한, 그 짐으로부터 벗어나고 싶어지는 건 누구에게나 너무나도 자연스러운 현상입니다.

의무의 무게로부터 벗어나고자 하는 움직임은 부처님에게서 또한 자연스럽게 드러난 일이었어요. 왕족의 의무, 가장의 의무, 자식의 의무 등과 같은 그 모든 의무를 떠나 부처님은 출가하셨죠. 왜냐하면, 부처님은 그 어떤 고귀한 의무의 실천이

어머니는 의무를 고민하는 그 모든 물음 앞에서,

　　온전하게 사랑할 수 있는 기회의 삶을 선택하였고,

그 결과가 바로 지금의 질문자 님입니다.

라도, 우리 인간에게 가장 중요한 문제에 대해서는 아무런 해결책도 되지 못한다는 사실을 이해하셨기 때문입니다.

그래서 부처님이 정말로 드러내고 싶었던 온전한 현실은 의무 속에서는 발견될 수 없을 것입니다. 온전한 현실은 의무 밖에 있습니다. 그 현실을 함께 발견하기 위해, 질문자 님 본인에게 알려졌던 하나의 물음을 다시 한 번 기억해 보세요.

'어머니가 날 낳아줬다는 이유만으로 과연 내가 어머니를 부양해야 할 의무가 있는 것인가?' 그리고 어머니의 입장에서 이 물음을 똑같이 적용해 보세요. '내가 이 아이를 낳았다는 이유만으로 과연 내가 이 아이를 양육해야 할 의무가 있는 것인가?'

새벽에 피곤한 눈을 비비고 일어나 질문자 님에게 젖을 물리며, 지하철 안에서 울음을 그칠 줄 모르는 질문자 님을 안고 얼굴이 빨개진 채, 초등학교 입학식을 위해 새로 산 바지에 응가를 뭉개고 바보처럼 웃고 있는 질문자 님의 앞에서, 질문자 님의 어머니는 얼마나 수없이 이 물음을 떠올리셨을까요?

한번 상상해 보세요. 어머니가 이 물음을 거듭한 결과, 양육을 의무라는 무거운 짐으로 받아들이셨다면 과연 질문자 님이 지금 이처럼 건강하게 자라날 수 있었던 현실이 존재할 수 있었을까요? 어머니는 그 무거운 짐에 치여 이미 쓰러지셨거나, 이미 도망가지 않으셨을까요? 결국, 우리가 받아들일 수 있는 결론은 단 한 가지일지 모릅니다. 어머니는 상기한 물음의 대답을 정확하게 발견하셨다는 것입니다. '아! 내가 이 아이를 낳았다는 이유만으로 양육해야 할 의무는 없구나! 의무가 아니구나! 나는 그 의무 앞에 언제라도 자유롭구나!'

그리고 의무의 희생자가 아닌 가장 자유로운 사람임에도 불구하고, 기꺼이 질문자 님을 양육해왔던 어머니의 모습이 결코 부정할 수 없는 현실로서 바로 여기에 놓여 있습니다. 의무가 아니라면 이 현실을 만든 것은 대체 무엇이었을까요?

우리는 이를 감히 사랑이라고 표현해 보겠습니다. 어머니는 의무를 고민하는 그 모든 물음 앞에서, 질문자 님을 무거운 짐처럼 느끼는 의무의 삶을 선택하기보다는, 질문자 님을 온전하게 사랑할 수 있는 기회의 삶을 선택하였고, 그 결과가 바로 지금의 질문자 님입니다.

이제 질문자 님께서 대답하실 차례인데 어느 쪽을 선택하고 싶으신가요. 이 한 번뿐인 고귀한 삶을 얻으신 질문자 님 스스로는 당위적인 의무의 희생자가 되어 삶을 흘려보내고 싶으신가요, 자유롭게 사랑할 수 있는 사람이 되어 삶을 꽃피우고 싶으신가요?

바람피우는
것도
유전인가요?

"

　　말씀 드리기가 조심스러워서 익명으로 여쭤볼까
합니다. 저는 결혼한 지 이제 5년차 된 30대 후반의 남성입니
다. 와이프를 정말 사랑해서 결혼했는데 사랑에도 정말 유통
기한이 있는 건지 제 마음이 예전같지 않습니다. 물론 이 관계
가 친숙하고 좋지만, 뭔가 이것만으로는 제 안에 채워지지 않
는 것이 있는 것 같습니다.

　　사실은 최근 3개월간 밖에서 따로 만나는 사람이 생겼습니
다. 그런데 그 사람은 와이프보다 외모적으로 뛰어나고 한 것

도 아닌데, 만나면 왠지 모르게 제 마음이 평온하게 채워지는 것 같습니다. 이 사람과는 뭔가 소통되는 느낌이 참 좋습니다.

이처럼 이 사람에게서는 채워지는데 와이프는 그러지 못하다 보니 와이프의 모습이 불만스러워 짜증을 내게 되는 경우가 최근 들어 많이 생겨납니다. 차라리 서로 마음 편하게 이혼을 하고 그 사람과 함께 살고 싶은 마음도 크고요. 그런데 와이프가 뭘 잘못한 건 아니라 그냥 이 모든 게 너무 미안하고 답답합니다. 게다가 더 불편한 건 사실 저희 아버지가 바람을 많이 피우셨는데, 제가 아버지의 그런 모습을 너무 싫어했습니다. 커서는 상종도 안 했고요. 그런데 제가 마치 아버지의 모습이 된 것 같아 혐오스럽기도 하고, 죄책감 같은 것도 많이 듭니다. 이게 뭔가 나쁜 피 같은 게 유전되는 걸까요. 뭘 어떻게 해야 할지 모르겠습니다. "

:: 　　　안녕하세요. 배우자가 싫은 건 아님에도 불구하고, 무언가를 채우려 외도를 하게 되고, 또 그런 자신의 모습 때문에 많이 힘드시군요. 또 그런 자신의 모습이, 싫어했던 아버지의 모습과 닮아가는 듯해 더욱 불편하게 느끼시는 것 같고요.

여기에서는 질문자 님이 뭔가를 채우고 싶어하신다는 사실에서부터 출발해 보겠습니다. 질문자 님은 자신 안에 뭔가 채워지지 않는 것이 있다는 것을 느끼며 그걸 외도의 상대로부터 채우게 된다고 얘기하셨습니다. 그건 마치 목마른 자가 우물을 찾아 갈증을 풀듯이, 질문자 님이 자신을 채워줄 우물 같은 대상을 필요로 하고 또 기대하고 있다는 사실을 의미합니다.

그렇다면 한번 질문자 님이 결혼했던 때를 떠올려 보십시오. 그때에도 질문자 님의 안에 채워지지 않는 것이 있었던가요? 그런 게 있었다면 그때는 어떠한 대상을 통해 그걸 채우리라고 기대하셨나요? 그리고 특정한 대상을 통해 채워지기를 바라던 그때의 기대는 지금의 대상에게 갖는 기대와 다른가요, 아니면 같은가요?

이러한 질문들을 한번 스스로에게 물어 정직하게 떠올려 보세요. 그리고 정말로 확인해 보십시오. 대상은 늘 바뀔지라도, 그 대상을 통해 자신 안에 뭔가를 채우고 싶다는 질문자 님의 기대 자체는 변한 적이 없다는 사실을요. 즉, 이는 기대의 문제지, 대상의 문제가 아닙니다.

무언가를 채우고 싶다는 필요와 기대는 무언가가 비어 있

외로움을 느끼는 건 나쁜 피가 아닙니다.
외로움에는 아무 잘못이 없습니다.

배신

다는 사실을 알게 됨에 따라 유발됩니다. 우리 안의 그 비어 있음을 경험하는 순간을 우리는 외로움이라고 부릅니다. 네, 질문자 님은 외로우신 것입니다. 그때도 외로우셨고, 지금도 외로우신 것입니다. 많이 외로운 삶이셨습니다. 그 어떤 대상을 통해서도 그 외로움을 채우실 수가 없었습니다.

그리고 질문자 님의 아버지도 질문자 님과 똑같이 그렇게 많이 외로우셨던 것입니다. 외로움을 느끼는 건 나쁜 피가 아닙니다. 외로움에는 아무 잘못이 없습니다. 이처럼 외로움이 잘못이 아닌 까닭에, 질문자 님의 외로움을 채워주지 못했다고 느낀 배우자 또한 아무 잘못이 없습니다.

그러니 질문자 님이 그저 외롭다는 이 피할 수 없는 명료한 사실만을 배우자 분과 함께 나누어 보십시오. 당신 때문이 아니라 내가 그냥 너무 외롭다고 얘기해 보십시오. 그러면 배우자 분에게서 같은 목소리를 들으실 것입니다.

'나도 너무 외로웠어. 당신과 결혼하면 당신이 내 외로움을 채워줄 줄 알았는데 그렇게 되지 않아 너무 좌절스러웠어. 당신이 너무 미웠어. 그런데 내 외로움이 당신 때문이 아닌 것 같아서 어떻게 해야 할지 더 몰랐어.' 서로를 향한 이 고백부터가 두 분의 결혼생활의 진짜 출발점입니다. 상대가 외로움을 채워

줄 것이라는 서로의 기대가 만든 좌절에서 벗어나, 서로의 외로움을 알아보고 들어줄 수 있는, 이 인간의 외로움 앞에 함께 선 동반자로서 말입니다.

그 친구를
정말
죽이고 싶었어요

"" 어떤 사람이 너무 밉습니다. 없애고 싶어요. 그런 생각만 하면 머리도 너무 아프고, 가슴도 답답하고 너무 힘들어요. 벌써 오래된 일이고 법적으로는 다 해결이 된 문제인데도 여전히 저를 힘들게 해요. 그 일로부터 벗어날 수 없고 평생 이렇게 안고 살아야 하나 너무 답답해요. 어떻게 얘기를 해야 하나 모르겠는데…

용기를 내서 얘기해 보자면 제가 예전에 가출을 한 적이 있거든요. 그런데 제가 무슨 불만이 있었던 건 아니고, 제가 정말

내 마음,
어디까지 알고 있니?

믿고 따르던 한 친구가 있었는데 그 친구가 집안 문제로 집을 나왔길래 그 친구를 따라 저도 나온 거였어요. 제가 좀 내성적이라 친구를 못 사귀고 왕따도 많이 당했는데 이 친구는 저한테 먼저 말도 걸어주고 정말 잘해 주었거든요. 그런 거에 혹했다니 지금 생각해도 제가 너무 바보같아요.

어떻든 그때 둘이서 다른 지방에 가 같이 살다가 돈이 다 떨어지니 그 친구가 조건만남이라고 하는 성매매를 시작했습니다. 저는 말렸는데 그 친구는 우리가 먹고 살려면 어쩔 수 없다고 계속 그 일을 했어요. 그런데 어느 날은 그 친구가 저한테도 성매매를 요구하는 거예요. 자기는 우리가 함께 잘 살려고 그런 일을 하는데 저도 친구라면 같이 해야 하는 거 아니냐고 그러는 거예요. 며칠을 그렇게 설득을 하니 결국 저도 친구를 위해서라며 마음을 다잡고서 그런 일을 시작하게 되었어요. 너무 무섭고 싫었는데 그땐 정말 어쩔 수 없었어요.

그런데 나중에 알고 보니까 그 친구가 계획적으로 저를 남자들에게 팔고 그런 거였더라구요. 제가 만만해 보이고 좀 바보 같으니까 저를 이용해 자기가 돈을 벌고 그런 거였어요. 그 사실을 알게 되었을 때 저는 정말… 그 친구라는 년을 너무 죽이고 싶었어요. 어떻게 이런 걸 친구라고 믿고 살았는지 제 자

제가 모자라 보이니까 사람들이
　　다 저를 이용하려 드는 것 같은 피해의식도 있고요.
제 자신을 이 세상에서 지우고 싶어요.

내 마음,
어디까지 알고 있니?

신도 너무 한심합니다.

경찰에 신고하고 해서 결국 그 친구는 처벌을 받았는데도 그 일이 잊혀지지가 않아요. 지금도 계속 생각나요. 제가 모자라 보이니까 사람들이 다 저를 이용하려 드는 것 같은 피해의식도 있고요. 제 자신을 이 세상에서 지우고 싶어요. 이런 게 너무 힘들어서 다 잊고, 그 친구도 억지로라도 용서해서 아예 생각 안하고 싶은데 그렇게 되지를 않아 미칠 것 같아요. 도와주세요.

"

:: 안녕하세요. 아, 정말 가슴 아픈 얘기입니다. 질문자 님이 그렇게 믿고 따르던 친구에게 배신당하게 되어 더 가슴이 찢어지시겠어요. 게다가 그런 마음이 너무 힘들어서 억지로라도 용서하려고 하신다니, 피해까지 당하고도 오히려 더 애써야 하는 자신의 모습 때문에 더 힘드실 것 같아요.

안되는 걸 억지로 하실 필요는 없어요. 떠오르기만 해도 없애고 싶은 상대인데 그걸 어떻게 용서하실 수 있겠어요. 용서 안 하셔도 됩니다. 얼마든지 미워하셔도 되요. 다만 그 상대를 미워한다고 질문자 님이 편해지는 건 아니라는 걸 이미 알고 계시니, 이제 질문자 님이 어떻게 하면 그 문제로부터 편해질 수 있을까를 저희가 함께 나누어봐야 할 것 같아요.

질문자 님을 아직까지도 정말로 힘들게 하는 건 무엇일까요? 여기에는 질문자 님이 스스로를 바보 같고, 모자라며, 한심하다고 느끼는 생각이 있는 것 같습니다. 본인이 뭔가 부족하고 만만해 보여서 사람들로부터 이용당한다는 자신에 대한 부정적인 생각 말입니다. 그때도 그러했고, 지금도 그러한 것처럼 스스로 느끼는 모자란 자신에 대한 생각이 계속 질문자 님을 괴롭히는 원인일지 모르겠어요.

질문자 님은 정말 그렇게 부족하고 한심한 사람인가요? 저희는 질문자 님이 어떠한 분인지 여기에서 정말로 한번 알아보고자 합니다.

말씀해 주신 얘기에 따르면, 질문자 님은 친구도 없이 오랜 시간을 홀로 지내며 많이 외로우셨던 것 같아요. 그렇게 많이 외로우셨던 만큼, 외로운 마음을 나눌 수 있는 친구라는 존재가 얼마나 소중한지를 질문자 님은 잘 알고 계실 거예요. 또 그렇게 친구가 소중한 만큼 그 친구를 위해 질문자 님은 많은 것들을 베풀 수도 있는 분이실 겁니다. 질문자 님이 살아오신 모습 그대로입니다. 친구가 혼자이지 않도록 친구의 가출에 기꺼이 동행하고, 친구의 힘겨움을 함께 나누기 위해 말 그대로 자신의 몸을 바쳤습니다.

그렇게 이용당하는 게 바보 같지 않냐고요? 네, 바보죠. 이걸 잠깐 기억해 보세요. 질문자 님이 미워하는 그 상대는 그 순간 속에서는 분명히 질문자 님이 믿고 따르던 소중한 친구였잖아요. 질문자 님은 그 소중한 친구를 위해서라면 자신의 모든 걸 바칠 수 있었던 바로 그런 바보입니다.

다시 얘기하겠습니다. 질문자 님은 이용당하기만 하는 한심한 존재라든가, 뭔가를 잘못한 죄인, 그리고 힘없고 약하기만 한 피해자가 아닙니다. 질문자 님은 친구를 위해 표현 그대로 몸을 바쳤던, 친구를 위해 자신의 모든 걸 주었던 바로 그런 분입니다. 그렇기 때문에, 질문자 님의 상처는 어쩌면 훈장일 것입니다. 그건 질문자 님이 소중히 여기는 것을 위해, 무섭고 아프지만 기꺼이 헌신했던 질문자 님의 고귀함을 증명하는 증표입니다.

억지로 누군가를 용서하지 않으셔도 됩니다. 그저 질문자 님이 대체 어떠한 분인지만을 확인해 보세요. 마치 전쟁터에서 소중한 전우를 위해 몸 바쳐 대신 총을 맞듯이, 질문자 님이 바로 그러한 귀하고 아름다운 마음을 가진 분이라는 것만을 기억해 보세요. 사람을 바보처럼 사랑할 줄 아는 질문자 님의 모습은 분명 이 성마른 겨울의 땅에 내려앉는 한 조각의 온기입니다.

4년간
뒷바라지 했는데
애인이
돌변했어요

"

　　　4년 사귄 애인이 저를 배신하고 다른 사람에게 가서 너무 힘듭니다. 저보다 연하인 친구라, 그 친구가 취업준비하며 공부하는 동안 제가 뒷바라지도 많이 해줬습니다. 정말 제가 할 수 있는 최선을 다했는데 어떻게 그럴 수가 있는지 모르겠습니다. 다 얘기하긴 구질구질하고 힘든데, 간단하게 얘기하면 어떻게 우연히 애인 핸드폰을 보다가 다른 남자와 친근해 보이는 대화 내용이 있어 추궁하게 되었고요. 결국엔 다른 남자가 생겼다고 실토를 했습니다.

학원 다니면서 만난 사람이라고 하더군요. 제가 준 돈으로 학원 다니면서 사실은 바람 피우러 다녔던 거라니 정말 황당하고 말도 안 나옵니다. 게다가 그 남자는 능력도 없어 아직까지 취업을 못했고, 데이트비용 같은 건 오히려 여자가 부담하면서 만난다고 합니다.

저를 이용한 것도 모자라, 만나려면 그럴듯한 남자를 만날 것이지 그런 한심한 인간을 만난다고 생각하니 정말 분노로 몸이 떨릴 정도입니다. 정말 이런 감정이 심해질 때면, 찾아가서 애인과 그 남자 놈을 죽이고 싶어집니다. 니들 둘이서 어떻게 내 인생을 이렇게 농락하고 놀림거리로 만들 수 있냐고 말이죠. 게다가 여자 친구 태도도 엎드려 사과하기는커녕, 그러한 상황이 드러나자 오히려 태도가 차가워지며 저를 귀찮아 하기까지 했습니다. 그런 것도 너무 괘씸합니다. 내가 자기에게 해준 게 얼만데 정말… 전 아직도 힘듭니다. 어떻게 해야 될까요. ❞

::   안녕하세요. 가슴이 너무 아프시겠습니다. 그렇게 정성을 다한 상대가 질문자 님을 떠나게 되었으니 정말 가슴이 찢어지시겠어요. 죽이고 싶을 만큼 전 애인 분이 미우시다

죽이고 싶을 만큼 애인 분이 미우시다니,

　　죽어도 좋을 만큼 애인 분을 사랑하셨군요.

　부디 그 간절함만을 한번 다시금 기억해 보세요.

니, 죽어도 좋을 만큼 전 애인 분을 사랑하셨군요. 부디 그 간절함만을 한번 다시금 기억해 보세요.

너무나 간절한 일이었습니다. 죽을 만큼, 즉 우리의 삶을 전부 걸 만큼 그 여자 분과 함께 하고 싶으셨습니다. 그렇다면 여쭈어 보겠습니다. 전 애인 분과 함께함으로써 질문자 님은 어떤 걸 얻고 계셨나요? 함께하는 동안 어떠한 느낌을 갖고 계셨나요? 어떠한 자신의 모습이 된 것 같으셨나요? 질문자 님의 간절함이 가 닿아야 할 곳은 바로 이 물음들이 대답되는 자리입니다.

우리의 배신을 만드는 것은 우리의 기대입니다. 기대라는 것은 무언가를 상대로부터 얻기를 바라는 것입니다. 즉, 우리는 배신을 느낀 대상으로부터 무엇인가를 얻기를 그렇게 간절히 기대하고 있었다는 의미입니다. 우리가 특정한 대상을 통해 얻고 싶었던 그 무엇을 발견하는 일은 매우 중요합니다. 그걸 알아야 얻을 수 있으니까요. 우리가 간절한 마음을 담아 4년 동안 하루도 거르지 않고 쓴 연애편지가 정말로, 정말로, 그 고백에 대해 화답될 수 있는 정확한 과녁에 닿을 수 있으니까요.

바꾸어 말하면, 질문자 님의 전 애인 분은 질문자 님의 간절한 기대에 응답할 수 있는 여력을 갖고 있지 못했던 것입니다. 안 해준 것이 아니라, 못 해준 것입니다. 못 해줬기 때문에 미안함과 자책감을 느껴 질문자 님을 냉정하게 대하게 된 것입니다. 그 얘기는, 할 수만 있다면 해주고 싶었다는 것이죠. 자책감 또한 해주고 싶은 마음이 있을 때만 느끼는 것입니다. 여기에는 받고 싶었는데 못 받은, 주고 싶었는데 못 준, 가슴 아픈 두 사람만 있을 뿐입니다.

그렇기 때문에 누구도 질문자 님을 바보로 보지 않습니다. 오히려 질문자 님의 정성 자체를 놀림거리에 불과한 한심한 일들로 만들고 있는 것은 질문자 님 본인이십니다.

질문자 님이 세상에서 가장 맛있는 물을 찾아 누군가와 함께 마시려고 4년 동안 우물을 파고 계셨는데, 어느 순간 그 물을 마시게 해주고 싶은 사람이 떠나갔다고 해서 질문자 님의 그 모든 시간이 그저 바보 같은 일에 지나지 않게 되나요? 정말로 4년 동안 우물을 정성스레 파고 있던 한 인간의 뒷모습을 그저 우스꽝스러운 놀림거리로 만들고 싶으신가요?

그 시간은 진짜입니다. 그 시간 동안의 질문자 님의 아름다운 모습 또한 진짜입니다. 그리고 질문자 님이 누군가에게 마시게 해주고 싶었던 그 맛있는 물은, 질문자 님 또한 너무나 간절히 드시고 싶었던 바로 그 물입니다. 스스로 시원하게 들이 키세요. 그리고 이제 본인이 더는 물을 찾아야 하는 사람이 아니라, 물을 갖고 있는 사람이라는 사실을 확인해 보세요. 모두가 물을 찾아 서로를 거듭 떠나가는 이 외로운 사막에서, 질문자 님은 가장 사랑받는 사람이 되실 것입니다.

남편의
마음을
어떻게
돌릴 수 있나요

"

　　　　얼마 전 유명감독과 여배우의 불륜 기사를 보았습니다. 평소에 좋아했던 감독이라 그걸 보고서는 너무나 화가 나서 친구들과 한참을 얘기했던 것 같아요. 그런데 친구들이 저에게, 어차피 연예계 일인데 니가 너무 흥분하는 것 같다고 하길래 순간 찔끔해서 말을 멈췄어요. 사실 친구들에게도 부끄러워서 말을 안 하고 있는 부분인데, 그 감독 얘기가 실은 제 얘기로 느껴져서였던 것 같아요.

　　전 지금 서른 중반에 남편이랑 결혼한 지 이제 7년이 지났

남편 분을 책임과 의무라는

　　대의로는 결코 붙잡을 수 없습니다.

　　마음은 원래 그런 당위적 의무사항들로는 잡을 수 없어요.

　　마음은 마음의 소망을 들어주는

　　　　이에게만 기꺼이 스스로 붙잡힙니다.

내 마음,
어디까지 알고 있니?

습니다. 안정적이고 자상한 사람이라고 생각되어서 결혼을 결심하게 되었고요. 아직 아이는 없습니다. 그런데 1년 전 남편이 다른 여자를 만난 일이 있어요. 그리고 저한테는 정말 자신을 다 채워주는 좋은 사람이 생겼다며 이혼을 요구하기도 했고요. 처음 그 말을 들었을 때는 얼마나 괘씸하고 화가 나던지요. 그러면서도 이 사람을 놓치고 싶지 않다는 마음에, 울며불며 매달리기도 하고, 책임과 의무를 강조하기도 하며, 어떻게든 남편의 마음을 돌렸습니다.

그런데 그로부터 1년이 지나 함께 사는 모습을 보면 이제 더는 예전같은 부부 사이가 아닌 것 같아요. 서로 각 방을 쓰며 그저 할 일을 분담해서 하는 사무적인 파트너와 같은 느낌입니다. 남편 마음은 여전히 그 여자에게 가 있는지는 모르겠지만(아마 그럴 거예요), 이제 더는 저를 사랑하지는 않는 것 같습니다. 제가 어떻게 해야 할지 모르겠습니다.

이런 관계로 계속 산다는 건 저도 행복하지 않고요. 그렇다고 남편을 그 여자에게 보내, 그렇게 자기네 둘만 행복해지는 모습을 보는 건 더 용납할 수 없어요. 너무 뻔뻔하고 이기적입니다. 저를 짓밟고 자기네들만 행복해진다는 건요. 남편의 마음이 정말로 저에게 돌아와 예전같은 관계가 되는 게 제가 원하는 모습인데 어떻게 하면 그럴 수 있을까요?

"

::　　　　안녕하세요. 남편 분이 결혼생활에서의 책임과 의무를 다하지 않고 다른 여자에게로 마음이 향해 짓밟힌 기분을 느끼시는군요. 그래서 화도 많이 나시고 속상하실 것 같습니다.

남편 분의 외도에 대해 짓밟힘을 경험하신다고 하셨잖아요. 짓밟힘이란 눌리고 무시당하는 거죠. 무엇이 무시당했을까요? 아마도 질문자 님이 결혼생활을 유지하기 위해 다하셨던 정성과 최선, 책임감, 성실성, 배우자만을 바라봤던 한결같음 등과 같은 많은 노력들일 것입니다. 질문자 님은 그렇게 결혼생활의 유지를 위해 많은 것들에 최선의 노력을 다해 오셨습니다. 그런데 남편 분은 그런 노력을 함께 하기는커녕, 오히려 그것들을 무시한 채 다른 여자를 찾게 되었으니 얼마나 억울하시겠습니까.

그런데 저희는 이 사실도 함께 드러내야 할 것 같습니다. 질문자 님의 결혼생활을 유지하기 위해서는, 질문자 님이 짓밟혔다고 경험하시는 그 강도와 동일한 만큼의, 저희가 위에서 함께 살펴본 강도 높은 최선의 노력이 필요했다는 사실을요. 즉, 힘이 많이 들었다는 얘기입니다.

'결혼생활이라는 게 원래 누구나 힘들지만 상호적으로 그런 노력을 다해야 하는 게 아니냐?'라고 물으신다면, 그 말이 전적으로 맞다고 말씀드릴 수 있을 것입니다. 그래서 남편 분은 그렇게 힘든 것이 전적으로 맞는 결혼생활을 포기하려고 하신 것입니다. 그는 정말로 힘들었다는 것이죠.

물론 질문자 님께서 힘들게 만드신 것은 아닙니다. 질문자 님과 똑같이, 남편 분 또한 결혼생활을 통해 본인의 어떠한 소망을 이루고 싶으셨을 것입니다. 그 소망을 이루기 위해 스스로 들인 힘입니다. 그런데 어느 순간, 소망의 충족치보다 힘이 더 많이 들어간다고 경험되기에 멈추고 싶어한 것뿐이고요. 그렇게 보자면, 남편 분 또한 결혼이라는 것에, 아무리 힘을 들여도 잘 도달되지 않는 거대한 소망을 품고 계셨다는 것이죠.

너무나 잘 경험하신 것처럼, 남편 분을 책임과 의무라는 대의로는 결코 붙잡을 수 없습니다. 마음은 원래 그런 당위적 의무사항들로는 잡을 수 없어요. 마음은 마음의 소망을 들어주는 이에게만 기꺼이 스스로 붙잡힙니다.

그렇다면 질문자 님께서 관심을 가지셔야 할 지점은, 남편 분이 결혼생활에 대해 품고 계셨던 그 거대한 소망이 무엇인 지를 잘 아는 일입니다. 아무리 노력해도 채울 수 없어, 결국은 다른 여자와의 관계에서 채우고자 꿈을 꾸었던 그 소망이 무엇인지를요.

남편 분이 단순히 의무감에의 상기 때문에 집을 나가지 않으신 것은 아닐 것입니다. 그보다는, 다른 여자와 또 같은 공동 생활의 관계에 들어가도, 자신의 거대한 소망이 채워지지 않을 것이라는 어렴풋한 앎을 갖고 계신 까닭일 것입니다.

우리가 자의적으로 우리에게서 떠난 마음을 돌릴 수는 없습니다. 그러나 그 마음이 들리게는 할 수 있습니다. 그 마음이 들리면 우리는 그 마음의 소망을 알게 됩니다. 그리고 그 소망이 내 것처럼 너무나 소중하고 애틋하게 느껴지면, 우리는 그 소망을 기꺼이 들어줄 수 있게 됩니다. 바로 그때가 우리에게서 떠나갔던 마음이, 자신의 소망을 들어줄 이가 이 세상에 출현했다는 사실을 처음으로 발견하고 스스로 돌아올 채비를 하게 되는 순간입니다.

왜 다들
큰 형님
말만 듣는지
모르겠어요

"
　　　　　추석이 다가오니 또 제가 스트레스를 받게 될 시
간이 온 것 같아 힘들어집니다. 명절 때마다 시댁에 가게 되면
저를 힘들게 하는 일이 있는데요. 저희 남편의 맏형의 부인, 즉
저한테는 큰 형님을 봐야 하는 일 때문입니다. 진짜 웃기게도
제가 남편과 결혼을 한 뒤 시댁에 모일 때마다 느끼는 건데, 집
안 식구들이 전부 다 큰 형님 말에 꼼짝을 못하고, 다 큰 형님
하자는 대로 집안일을 처리하는 거 있죠. 제가 느끼기엔, 아니
상식적으로 느끼기에도 아닌 거 같은 일인데도, 큰 형님 말이

다수의 동의를 얻어 이루어진 권위에 대해,

이를 불편하게 느끼고 그에 저항하는

사람은 권위라는 것을

중요하게 생각하는 사람뿐입니다.

내 마음,
어디까지 알고 있니?

면 사람들이 다 그렇게 하자고 하는 게 너무 이상합니다. 남편에게도 이 얘기를 해봤더니 남편은 오히려 형수님이 똑똑하게 다 떠맡아 집안일 하시려는 건데 뭐가 문제냐며, 오히려 제가 너무 예민한 거 아니냐고 그럽니다.

너무 답답해서 한번은 식구들 모인 자리에서 큰 형님에게 조심스럽게 너무 큰 형님 의견에만 따르는 건 민주적이지 않은 것 같다고 다들 자기 의견을 내봤으면 좋겠다고 그랬더니, 오히려 사람들은 아무 얘길 안 하고 저만 큰 형님 눈치를 보게 되고 그랬던 것 같아요. 아니 큰 형님이 좋은 대학 나오고 야무진 건 알겠는데 그렇다고 왜 다들 큰 형님 말만 따라야 되는 거죠? 사람들은 다 자기 의견이 있을 텐데 큰 형님 얘기만 중요하게 여겨지는 것 같아 좀 불편합니다.

"

::   안녕하세요. 질문자 님의 큰 형님, 즉 한 집안의 맏며느리 역할을 하고 계신 분의 얘기를 다른 가족들이 꼼짝 못하고 따르고 있는 것 같은 모습으로 보여 불편하시군요. 즉, 질문자 님은 여기에서 권위의 문제를 보고 계신 것 같습니다. 그리고 그 권위라는 것을 민주적이라는 개념과 상충되는 것으로

보고 계신 것 같고요.

권위라는 것이 어떻게 얻어질 수 있는지에 대해 우리는 한 번 살펴봐야 할 것 같습니다. 우리가 아무리 혼자서 잘났다고 주장한다 한들 권위를 얻을 수는 없습니다. 사람들로부터 권위를 얻는 방법은 오직 사람들의 동의를 통해서입니다. 즉, 사람들이 우리에게 권위를 넘겨주는 일에 동의했을 때만 우리는 권위를 얻을 수 있습니다. 그렇다면 여기에서 우리는 다음과 같은 사실을 확인할 수 있게 됩니다. 누군가가 권위를 얻게 된 절차는 그에게 권위를 넘겨주고자 하는 다수의 동의를 얻은 대단히 민주적인 절차였다는 사실을요. 이처럼 권위는 민주적 이라는 개념과 상충되는 것이 아니라 철저하게 민주적인 절차 로 얻어진 것입니다.

그렇다면 사람들은 자신의 권위를 왜 누군가에게 넘겨줄까요? 그러한 양도의 과정을 통해 자신이 얻는 것이 크기 때문입니다. 귀찮은 집안의 대소사를 누가 대신 떠맡아 처리해 주게 됨으로써 자신은 편안하게 쉴 수 있게 된다든가, 자신은 가만히 있어도 알아서 일이 진행되는 안락한 편의성을 얻는 등의 유익한 이득이 있는 까닭입니다.

사람들은 바보가 아닙니다. 독재나 힘의 압박에 눌려 권위를 넘겨주는 것이 아니라, 권위를 갖고 있을 때의 이득보다 더 큰 이득을 얻게 되기 때문에 기꺼이 권위를 넘겨주는 것입니다.

이처럼 다수의 동의를 얻어 이루어진 권위에 대해, 이를 불편하게 느끼고 그에 저항하는 사람은 권위라는 것을 중요하게 생각하는 사람뿐입니다. 나아가서는 그 권위를 자신이 갖고 있지 못한 현실이 불편한 사람뿐입니다. 이러한 사실 위에서, 질문자 님이 경험하시는 현재의 장면에서는 이러한 목소리도 들려오는 것 같습니다.

"왜 큰 형님 말만 중요하게 여기고, 내 말은 중요하게 안 여기는 거야. 나도 큰 형님 못지않게 똑똑하고 잘할 수 있는데."

큰 형님이 권위를 갖고 있다는 사실을 불편하게 여기는 이는 가족들 중에 오직 질문자 님뿐이십니다. 이 얘기는 권위를 얻기를 필요로 하는 이는 오직 질문자 님뿐이시라는 얘기입니다. 그래서 이는 가족들의 문제가 아니라, 질문자 님만의 문제입니다. 어떻게 하면 가족들에게 질문자 님이 권위를 얻을 수 있을 것인가에 대한 문제만이 이렇게 남겨지는 것입니다.

질문자 님의 진실한 소망이 가족들에게 권위를 얻고 싶은 것이라고 정직하게 확인될 수 있다면 많은 것은 단순하며 수월해집니다. 이미 가족들에게 인정받고 성공적으로 권위를 얻고 있는 큰 형님이라는 모범사례가 바로 질문자 님의 옆에 계시니, 질문자 님은 그 방법을 손쉽게 배우실 수도 있는 까닭입니다.

질문자 님이 권위를 얻고 싶으시다면, 또 큰 형님이 현재 권위의 대변자시라면, 단순하게 큰 형님의 편이 되십시오. 그러면 질문자 님은 권위의 편이 되는 것이며, 권위 또한 질문자 님의 편이 되게 됩니다. 그렇게 질문자 님은 권위를 얻는 소망을 이루게 되실 것입니다.

엄마가
이상한 종교에
빠졌어요

"

저희 집은 네 식구고요. 엄마, 아빠랑 장녀인 저, 그리고 고등학교 다니는 동생이 하나 있어요. 제가 요즘 너무 답답한 건 엄마가 자꾸 종교생활만 하지 집안을 잘 안 돌본다는 거예요. 엄마가 이상하게 보일까봐 구체적으로 얘기하고 싶진 않은데요. 엄마가 친구분들과 자주 다니는 종교인 분이 계세요. 그 사람한테 가서 점도 보고, 고민도 풀고 그러시는 것 같은데요. 엄마가 조금 마음의 위로가 될 수 있으면 저도 그냥 그러려니 하겠지만요. 그 정도가 아니라 거의 매일 그곳에 가서 붙어 계시고, 엄마랑 친근하게 대화를 좀 하려고 하면 늘 그 종교인 분 말만 하고 계시는 거예요. 무엇보다도 지금 동생은 이제 대입 준비해야 하는 예민한 시기인데도 엄마는 거기에 무관심 하세요.

걱정이 되어서 그런 얘기를 엄마에게 해보면, 엄마가 이미 그 종교인 분과 함께 기도하고 정성 올리고 하고 있으니 걱정 안 해도 자연스레 동생은 잘 되게끔 되어 있다는 식의 말을 하는 거예요. 전 그런 말을 들으면 얼마나 답답하고 화가 나는지요. 아빠도 몇 번 화내고 하다가 그런 엄마를 포기하셨고요. 사실 아빠가 몸 쓰는 일을 하셔서 건강 잘 챙기셔야 하는데 엄마가 종교생활하느라 아빠 아침도 잘 안 챙겨주고 하거든요. 저 역시도 취업이 잘 안되어 스트레스 받고 있는데, 엄마를 대신해 제가 동생까지 돌보고 집안일 신경쓰는 게 너무 힘들어요. 이렇게 집안꼴이 엉망이 된 게 너무 속상해요. 엄마가 정신 차리고 엄마의 제자리로 돌아왔으면 좋겠어요. "

:: 　　안녕하세요. 질문자 님의 엄마가 집안일보다는 외부의 종교인에게 빠져 엄마로서 해야 할 일을 소홀히 여기는

엄마 또한 자신의 힘겨움 속에서
또 다른 엄마를 필요로 할 수도 있지 않았겠습니까?

배신

걸로 느껴져 속상하시군요. 그 때문에 자신의 일만으로도 스트레스를 받고 있는 질문자 님이 오히려 집안을 돌보는 엄마의 역할까지 하시느라 더 힘든 현실을 경험하고 계시고요.

질문자 님은 엄마가 다시 제자리로 돌아오기를 원하십니다. 그 제자리는 곧 질문자 님과 가족들을 위해 엄마가 엄마의 역할을 다하는 자리겠죠. 그렇게 질문자 님은 엄마의 역할을 다하는 엄마를 필요로 하고 계신 것입니다. 그렇다면, 왜 질문자 님은 현재 엄마의 필요성을 이처럼 절감하게 되셨을까요?

질문자 님이 엄마의 역할을 해보니 그게 너무나 힘드셨던 까닭입니다. 질문자 님이 말씀하신 것처럼, 엄마는 대입시험을 앞둔 동생도 돌보고, 이른 새벽 아빠의 식사도 챙겨주고, 질문자 님의 친근함에 대한 욕구도 채워줘야 하는 많은 일들을 해야만 하는 존재였던 것이죠. 엄마가 부재하게 되었을 때 집안 꼴이 엉망이 된다는 건, 그만큼 엄마가 집안에서 중요한 존재였다는 의미입니다.

우리에게 무언가가 중요하다는 것은, 우리가 그것을 의존하고 있다는 얘기입니다. 질문자 님의 가족은 이처럼 엄마를 의존하고 계셨습니다. 엄마는 그 의존을 받아들여, 근래 질문자 님이 경험하신 것처럼 그렇게 홀로 다 떠맡는 힘든 삶을 살고 계셨던 것이죠. 그리고 질문자 님이 엄마의 역할을 하는 게 힘들어 엄마가 제자리로 돌아오기를 원하셨듯이, 즉 엄마를 필요로 하셨듯이, 질문자 님의 엄마 또한 자신의 힘겨움 속에서 또 다른 엄마를 필요로 할 수도 있지 않았겠습니까?

힘든 까닭에 질문자 님도 의존할 대상으로서의 엄마를 찾게 되었고, 힘든 까닭에 질문자 님의 엄마 또한 의존할 대상으로서의 종교인, 즉 또 다른 엄마를 찾게 되었습니다. 아마 그 종교인 분 또한 마찬가지일지 모릅니다. 질문자 님은 의존할 엄마가 없는 걱정스러운 현실 속에서 엄마의 역할을 스스로 떠맡아 하게 되셨잖아요. 해당 종교인 분 또한 자신이 의존할 대상이 없는 걱정 속에서 그 자신이 엄마처럼 누군가가 의존할 수 있는 대상이 되려고 했는지도 모릅니다.

즉, 여기에 있는 모두에게 공통적으로 경험되고 있는 것은, 단지 엄마를 필요로 하는, 엄마 없는 아이의 울음소리뿐입니다. 질문자 님의 엄마도, 질문자 님과 똑같이 엄마 없는 아이입니다. 그렇다면 질문자 님이 다가가셔야 할 지점은, 엄마 없는 아이로서 살아가는 일이 얼마나 서러웠는지, 얼마나 외롭고 무서웠는지, 또 얼마나 그리웠는지에 대한 이해입니다.

이 이해는 질문자 님 스스로에 대한 이해이자, 지금껏 이해받은 적 없었던 질문자 님 엄마의 소외된 삶에 대한 이해이기도 합니다. 집안에서는 아무도 그 삶을 이해해 주는 이가 없어, 엄마는 이해받고자 집 밖으로 나갈 수밖에 없었던 것입니다.

그리고 바로 그 엄마 없는 아이의 삶을 이해하고자 다가가는 질문자 님의 손길이 곧 질문자 님이 필요로 하시던 진짜 엄마의 손길이기도 합니다. 그렇게 질문자 님을 통해 진짜 엄마의 손길이 드러날 때, 그 엄마를 찾아 헤매던 질문자 님의 엄마 또한 가장 가까이에 있었던 엄마를 만나러 질문자 님의 곁으로 돌아오시게 될 것입니다.

공무원
시험준비에 벅찬데,
여친은
딴 세상사람

"

        요즘 너무 답답합니다. 전 지금 3년째 공무원 시험을 준비하고 있는데요. 이런 수험생활도 힘들지만 현재 여자 친구와의 관계 때문에도 더 힘들어요. 현재 제 삶의 힘겨움을 좀 위로받고 싶어서 여자 친구에게 전화를 하면 오히려 여자 친구가 자기도 피곤하다며 차갑게 대하는 느낌을 좀 받아서 마음이 안 좋습니다. 제가 이렇게 공무원이 되려고 하는 것도 다 여자 친구와 함께하는 미래를 만들기 위해서인데 그런 제 마음을 몰라주는 것 같아 답답합니다. 게다가 제가 전화하거나 할 때 여자 친구가 자기 친구들이랑 함께 놀고 있거나 술을 마시고 있는 상황이면 제가 되게 소외되는 느낌을 받는 것 같습니다. 저만 혼자 우울한 감옥 속에 갇혀 있는 것 같고 다른 사람들은 다 즐겁게 웃으며 지내는 것 같아 억울합니다.

게다가 그런 상황에서 여자 친구가 제 편에 있기보다는, 오히려 다른 사람들과 웃고 떠들며 그들 편에 있는 것 같아 여자 친구에게 조금 배신감을 느끼기도 합니다. 저도 여자 친구와 함께 영화도 보고 술도 마시고 즐거운 시간을 보내고 싶은 마음이 가득하지만, 더 현실적으로 함께할 수 있는 미래를 위해 노력하고 있는 건데, 왜 이처럼 노력하고 있는 저를 조금 더 배려해 주고 이해해 주지 않는지 너무 답답합니다.

"

:: 안녕하세요. 긴 수험생활의 힘겨움을 여자 친구분이 이해해주지 않는 것 같아 속상하시군요. 게다가 질문자 님은 수험생활의 의미와 가치를 여자 친구 분과 함께하는 미래를 만들기 위해서라고 생각하고 계신데, 여자 친구 분이 질문자 님의 그런 마음을 몰라주는 것 같아 더 속상하시겠어요. 질문자 님은 현재 본인의 힘겨운 현실을 감옥에 갇혀 있는 것

당신은 결코 사람들로부터 소외되고,

하고 싶은 일을 하지 못하는 결핍된 사람이 아니라,

언제든 그 일들을 할 수 있는 자유로운 사람입니다.

같다고 표현하셨잖아요. 감옥 속에 갇혀 있는 이는 하고 싶은 일도 마음대로 할 수 없이 손발이 묶인 것처럼 삶이 제약된 답답한 경험을 하게 될 것입니다.

그렇다면 질문자 님의 손발을 묶은 건 대체 누구인가요? 여기에 대해 가장 정직하게 탐구하자면 그 대답은 바로 질문자 님 스스로가 될 것입니다. 이 사실을 질문자 님도, 또 질문자 님의 여자 친구분도 너무나 잘 알고 계십니다. 그렇기 때문에 여자 친구분의 입장에서는 스스로 손발을 묶은 이가 답답하다고 소리치며, 왜 손발이 묶인 자신을 좀 더 이해하고 배려해 주지 않냐고 하는 모습이 일견 당혹스럽기도 할 것입니다.

또한 여자 친구 분이 자신의 삶에 즐거움이 있을 때 그 즐거움을 자연스럽게 살게 되기보다는 늘 질문자 님의 우울에만 초점을 맞춰 자신도 감히 즐거우면 안되는 삶을 살아야 한다면, 더군다나 그렇게 살지 않으면 누군가를 배신한 사람이 되는 경험을 해야 한다면, 과연 여자 친구 분은 어떠한 심정을 느끼게 될까요. 질문자 님 역시도 감옥에 갇힌 죄인의 심정이 얼마나 힘겨운지를 잘 아시면서, 여자 친구 분에게도 죄인이 된 것처럼 옴짝달싹 못하는 답답한 경험을 정녕 주고 싶으신가요.

이 사실을 한번 정직하게 확인해 보십시오. 여자 친구 분이 질문자 님에게 힘겨운 수험생활을 멈추라고, 공무원이 되지 않아도 질문자 님과 함께할 거라고 얘기한다면 수험생활을 멈추시겠습니까? 즉 여자 친구 분이 질문자 님의 손발에 묶인 끈을 직접 풀어주신다면 정말로 자유로워지실 수 있겠습니까? 아마도 아닐 것입니다. 공무원이 되고자 하는 소망은 질문자 님 스스로의 소망인 까닭입니다. 그 소망을 이루는 방법이라고 믿으며 질문자 님 스스로가 손발을 묶으신 까닭입니다. 즉, 현재의 질문자 님의 현실은 질문자 님의 선택이셨습니다.

그리고 이처럼 질문자 님이 선택할 수 있는 자였다는 사실을 아는 일은 중요합니다. 스스로 감옥에 들어가는 선택이 질문자 님의 고귀한 선택이었듯이, 감옥에서 나오는 일 또한 질문자 님이 선택하실 수 있는 일입니다.

질문자 님은 결코 사람들로부터 소외되고, 하고 싶은 일을 하지 못하는 결핍된 사람이 아니라, 언제든 그 일들을 할 수 있는 자유로운 사람입니다. 지금 당장이라도 질문자 님이 여자 친구 분과 영화도 보고 술도 마시는 즐거운 시간을 누릴 수 있다는 사실을 새롭게 기억해 보십시오. 아무도 그 선택을 막을 수 있는 사람이 없습니다. 단지 질문자 님은 그 시간을 누리는 일을 잠깐 보류하는 현실을 스스로 당당하게 선택하신 것뿐입니다. 이처럼 질문자 님이 선택권이 없는 죄인이 아니라, 언제라도 선택할 수 있고 또 선택해 온 자유인이었다는 사실을 이해하실 때, 이미 그 자리에 답답한 감옥은 없습니다.

사람들은
받기만 할 뿐
고마운 줄을
몰라요

> 안녕하세요. 요즘 들어 제가 사람들 사이에서 소
외된다는 생각을 많이 하고요. 나아가서는 사람들이 저를 너
무 막 대한다는 느낌이 듭니다. 직장에서나, 친구 관계에서나,
전반적인 인간관계에서 그렇게 느껴집니다. 저는 사람들에게
늘 친절하고 예의 바르게 대하려고 하고요. 또 사람들이 필요
로 하는 것들을 많이 채워주려고 합니다. 외로워 보이는 친구
에게는 먼저 술도 사 주면서 다가가고, 일적인 부분에서도 부
족한 이들에게 도움을 많이 주려고 하고요. 사람들 힘들어하

는 애기도 적극적으로 잘 들어주며 상담도 해 주고, 맛있는 것도 자주 사 와서 직장동료들에게 나눠주기도 하는 등, 사람들을 위해 살고 있다고 생각합니다. 제가 제 삶에서 열심히 노력한 결과로 연봉도 괜찮고 나이에 비해 좋은 자리에 있거든요. 그러한 포지션에 올라갈 수 있었던 이유도 제 주위의 사람들에게 더 많은 것을 해 주기 위한 동기가 있었기에 가능했던 건데요. 요즘 들어 다 회의가 듭니다.

사람들은 저한테 받기만 할 뿐 고마운 줄을 모르는 것 같습니다. 제가 뭘 받으려고 도와준 건 아니지만 그래도 인지상정이라고 가는 정이 있으면 오는 정이 있어야 할텐데, 자기들 필요할 때만 저를 찾을 뿐 진짜 제 곁에 있는 이가 없는 것 같습니다. 저는 자기들을 위해 사는데 왜 저를 이렇게 홀대하는지 모르겠습니다.

꺾

::   안녕하세요. 질문자 님은 사람들을 위해 많은 것들을 해 주시는데, 오히려 사람들은 질문자 님을 소외시키는 것 같아 불만스럽게 느끼시는군요. 사람들이 무례하고 막 대하는 것처럼 느껴지시니 화도 나실 것 같고요.

우리가 타인을 도구로 삼을 때

　소외는 필연적으로 발생하는 일입니다.

그렇다면 질문자 님은 지금과 같은 모습으로 사람들에게 대해지기는 원치 않으신다는 얘기인 것 같습니다. 질문자 님의 말씀에 따르면 적어도 질문자 님이 사람들에게 대해지기를 원하는 모습은, 막 대해지지 않고 소중하게 대해지는 사람, 사람들에게 고맙게 대해지는 사람, 필요할 때만 옆을 찾는 것이 아니라 늘 옆을 찾게 되는 사람, 소외되지 않고 함께 있고 싶은 사람 등으로 보입니다.

바로 이러한 모습이 질문자 님이 사람들로부터 받고 싶으신 것입니다. 질문자 님은 사람들로부터 받고자 하는 의도가 없으신 것이 아니라, 바로 이러한 것을 정확하게 받기 위해 사람들에게 주고 계신 것입니다. 때문에 현재 원하던 그것을 받지 못하니 삶이 불만족스러워지고, 사람들에게 실망도 하게 되시는 것이죠.

우리가 무엇을 받고 싶다는 것은 즉 우리가 목이 마르다는 것입니다. 물의 필요를 느낀다는 것입니다. 따라서 목이 마른 사람은 물을 가진 사람에 대해 을의 입장일 수밖에 없습니다. 이것은 정직한 원칙입니다. 그러나 우리는 매우 자주 이 원칙을 호도하곤 합니다. 물이 필요한 아쉬움을 느끼는 것은 우리 자신이면서 갑의 입장에서 물을 요구하게 된다는 것이죠. 그리고 이러한 의도를 달성하기 위해 우리는 타인을 조작하고, 통제하며, 조종하려 하게 됩니다. 이를테면, 돈이 필요해 보이는 것 같은 타인에게 다가가 우리가 돈을 줄 수 있으니 그 대신 타인이 우리 자신을 중요한 존재로 대해 줄 것을 종용하는 식이죠.

여기에는 타인을 우리의 뜻대로 다루어 우리가 원하는 것을 얻어 낼 수 있다는 뿌리깊은 착각이 담겨 있습니다. 공부나 재산의 축적과 같은 개인의 노력으로 많은 것을 이룰 수 있다고 믿는 신념처럼, 타인의 마음 또한 개인의 노력으로 얻을 수 있다고 생각하는 착각입니다. 이 착각은 타인의 존귀함을 살짝 망각하게 하고, 오히려 타인이 우리를 위한 도구인 것처럼 느껴지게 하는 결과를 낳습니다.

우리가 함부로 쓰고 있는 망치나 톱 같은 도구가 만약 인격을 갖게 된다면, 우리에게 과연 고마움을 느낄까요? 오히려 우리와 멀어지려고 하지 않겠습니까? 이처럼 우리가 타인을 도구로 삼을 때 소외는 필연적으로 발생하는 일입니다.

지금 이러한 얘기들이 가슴 아프게 들리실 수도 있을 것입니다. 질문자 님은 소외라는 것이 무엇인지를 눈치채신 것입니다. 가슴아픈 소외는 질문자 님에게 질문자 님의 진짜 소망을 알려 줍니다. 질문자 님의 진짜 소망은 사람들과 정직하게 연결되고, 그 관계 속에서 친밀감을 느끼며, 사람들과 더불어 사는 것입니다.

따라서 사람들을 본인의 필요를 채워 줄 도구로 쓰거나, 그러기 위해 본인 자신을 사람들의 필요를 채워 줄 도구로 만드는 것이 아니라, 사람들을 필요로 하는 정직한 을의 입장에서 그 필요를 고백하는 일은 중요합니다. 사람들이 질문자 님을 필요로 하는 것이 아니라 바로 질문자 님이 사람들을 필요로 하시는 것이기 때문입니다.

고백하는 사람은 자기 자신의 중요성을 드러내기보다는 고백되는 타인의 중요성을 드러냅니다. 이것이 고백하는 을의 아름다움입니다. 참 아름다워서 누구나 항상 곁에 두고 보고픈 그러한 아름다움입니다. 그렇게 원하시던 바처럼 항상 사람들의 곁에 아름답게 계실 수 있는 질문자 님이십니다.

조직에서
토사구팽
당했습니다

" 안녕하세요. 한동안은 잠잠하다가 요즘 들어 다시 저를 괴롭히는 생각이 있어 힘이 듭니다. 이게 실제가 아닌 단지 생각일 뿐이라는 걸 저도 잘 아는데, 왜 이렇게 이 한 생각 내려놓기가 힘이 드는지 모르겠습니다. 이미 지난 일이고, 지금은 그럴 수밖에 없었다는 걸 저도 다 이해하게 된 일인데요. 지금은 제가 다른 곳에서 일을 하지만, 몇 년 전까지만 해도 한 10여 년간 근무했던 조직이 있었습니다. 구체적으로 밝히고 싶지는 않고요. 아주 큰 조직은 아니다 보니 어느 정도는 신축성 있게 업무가 진행되는 경우도 많았습니다. 그런데 그러한 일들이 자꾸 쌓이다 보니 제 전임자도 그렇고, 제가 인수인계를 받게 되었을 때도 뭔가 좀 불안감을 느끼긴 했습니다. 돈 문제다 보니 이게 예민해서 한 번 제대로 감사 같은 걸 받게 되면 큰 일이 날 수도 있겠다 하는 불안감이었죠. 그래도 제 전임자나 윗분들이, 혹시라도 무슨 일이 생기면 자신들이 다 도와주겠다고 말씀하셔서, 저도 까짓것 책임감 있는 남자답게 한번 맡아보자 하며 책임자 지위를 받아들이게 되었습니다.

그런데 제가 업무를 맡게 된 지 얼마 안 지나서 그 설마 했던 상황이 터졌습니다. 그리고 막상 상황이 터지고 나니 저를 도와주겠다고 한 분들은 아예 잠적해 버리거나 모른 척 하는 등, 저만 고립무원에 놓이게 되었습니다. 그때 정말 얼마나 고생을 했는지 모릅니다. 그래도 급한 불 일단 꺼놓고 보자 하는 마음으로 간절하게 사방팔방을 뛰어다니며 어떻게든 무마를 하게 되었습니다. 그 간절함이 통했는지 저희 조직이 와해되는 사태까지는 막을 수 있었습니다. 그런데 억울한 것은 그 다음이었습니다. 그렇게 고생한 저를 윗분들께서, 누군가는 반드시 책임의 소재가 되어야 한다며 저에게 그 책임을 지게 한 것이었습니다.

사랑에 대한 유일한 보답은
그것이 사랑이라는 그 정확한
이름을 불러주는 일뿐입니다.

그 얘기를 하면 아직도 너무 화가 나지만, 어떻든 그게 조직을 살릴 유일한 길이라고 저도 결국엔 납득을 할 수 있었던 까닭에, 그렇게 조직을 퇴사하게 되었습니다.

물론 다른 임원 분께서 저를 생각해 다른 직장을 구해주셔서 생계의 문제는 없었지만, 그때의 억울함이 많이 남았나 봅니다. 배신감도 많이 들고요. 그게 다 조직 생리상 어쩔 수 없는 구조라는 걸 저도 사회인이니 이해는 하고 있습니다. 제가 퇴사할 때 섭섭지 않게 배려도 많이 해주셨고요. 그래서 저도 그런 과거를 씻고 편하게 좀 내려놓고 싶은데, 왜 이 생각이 아직도 저를 괴롭히는지 모르겠습니다.

"

::   안녕하세요. 속하셨던 조직의 취약한 부분을 관리하는 업무를 맡아 그 취약성을 홀로 애쓰며 보호하셨지만, 그 과정 속에서 경험하셨던 질문자 님의 마음을 아무도 제대로 알아주지 못하는 것 같아 힘들어 하시는군요.

특히 질문자 님의 마음이 여러 대의들에 묻혀 질문자 님 스스로도 그 마음을 기억하지 못하게 되신 것 같습니다. 질문자 님이 모든 책임을 지게 되신 건, 질문자 님이 남자다운 모습을 보이기 위해서도 아니고, 조직의 생리구조상 그렇게 따라야 했기 때문에도 아닐 것입니다. 질문자 님은 그저 자신이 속하셨던 조직을 누구보다 사랑하셨던 것입니다. 사랑하는 연인을 위해 목숨을 바친 이처럼, 그렇게 질문자 님은 스스로를 살신성인하셨던 것입니다.

질문자 님의 사랑은 조직보다 큽니다. 그래서 질문자 님이 조직 밖으로 튕기게 된 것입니다. 표현 그대로입니다. 더 작은 것이 더 큰 것을 담을 수는 없습니다. 언제나 더 큰 것은 더 작은 것의 밖에 있게 됩니다. 그렇기 때문에 더 작은 조직이 더 큰 질문자 님을 보호할 수 없었고, 더 큰 질문자 님이 더 작은 조직을 보호하게 된 것입니다.

질문자 님이 정말로 이해하셔야 할 것은 '그럴 수밖에 없었다'가 아니라 '그러고 싶었다'입니다. 질문자 님의 움직임을 만든 행동원리는 의무가 아닌 사랑입니다. 질문자 님은 바로 그렇게 사랑하고 싶었고, 정확하게 그대로 사랑했던 분입니다.

질문자 님이 고통스러운 이유는 이처럼 자신이 사랑할 줄 아는 사람이라는 걸 망각했기 때문입니다. 이 망각이 쉬이 일어나게 된 것은 이것이 짝사랑이었기 때문입니다. 짝사랑이라서 보답받지 못했다고 느끼기 때문입니다. 그러나 사랑의 보답은 그것이 사랑이라는 걸 알아보는 시선에 의해 이루어집니다. 사랑에 대한 유일한 보답은 그것이 사랑이라는 그 정확한 이름을 불러주는 일뿐입니다. 그리고 이 세상 누구도 알아보지 못한다 하더라도, 질문자 님 스스로는 알고 계실 것입니다. 정말로 그것이 사랑이었음을.

사랑하는 연인을 잃으신 게 아닙니다. 질문자 님 스스로가 사랑의 원천이라는 사실을 기억하신 것입니다. 다시 또 사랑하셔도 괜찮습니다.

내 마음,
어디까지 알고 있니?

번뇌

왜
나는 툭하면
화를 내는지

" 이런 모습은 아닌데 하면서도 자꾸 화를 냅니다. 특히나 남자 친구랑 얘기를 할 때면 저도 모르게 답답해지면서 화가 나요. 그럴 때마다 남자 친구는 왜 제 화를 잘 다스리지 않냐며 침착하게 타이르곤 합니다. 저도 시간이 좀 지난 후에는, 아 내가 또 잘못했구나 하며 자신을 반성하게 되요. 남자 친구 말이 틀린 게 없이 다 맞거든요. 남자 친구가 다른 사람들과 만날 때도 그 사람들이 화를 내면 남자 친구는 차분하게 그들이 왜 틀린지를 조목조목 알려주곤 합니다. 그런 모습이 되게 존경스러워요. 반면, 저는 왜 이렇게 늘 감정에 휘둘리며 못나고 부족한 모습을 보이는지 부끄럽고요. 이런 제 모습을 바꾸고 싶습니다.

"

::   화를 내는 모습을, 화를 안 내는 모습으로 바꾸고 싶으시군요. 그런데 화를 안 내는 모습으로 살고 있는 남자 친구에게는 특히나 화를 잘 내고 있으신 것 같고요. 화를 안 내는 모습이 되고 싶으시면서, 화를 안 내는 모습에는 화를 내고 계신다니, 재밌는 역설이죠?

모든 관계 속에서 알려지는 마음은 상호적입니다. 가장 쉽게 얘기하자면, 누군가가 지금 우리가 맺고 있는 관계 속에서 화를 내고 있다면, 그 화는 우리의 화라는 것입니다. 그런데 화라는 마음작용을 불편하게 여기는 이들은 그 화가 우리의 화라는 사실을 쉽게 인정하고 싶어하지 않습니다. 그래서 화의 원인을 지금 화를 드러내고 있는 이에게 모두 전가해 버리죠. "저 사람은 자기 조절도 못하고 아직 수행이 덜 되었네." 마치 이런 식으로요.

이는, 그에게 지금 덤터기를 씌우고 있는 것입니다. 자신들

누군가가 지금 우리가 맺고 있는
관계 속에서 화를 내고 있다면,
그 화는 우리의 화라는 것입니다.

이 소외시킨 불편한 마음을 그의 탓으로 돌리고 있는 것이에요. 이와 같은 일이 질문자 님에게 일어나고 있는 사실입니다.

본인이 한번 확인해 보세요. 늘 화를 내는지, 특정한 관계 속에서만 유난히 화를 내게 되는지를요. 그러면 알게 되실 거예요. 이 화가 어쩌면 본인의 화가 아니라, 자기도 모르게 넘겨받은 화일 수 있다는 사실을요. 남자 친구와 얘기를 할 때면 특히나 답답해지고 화가 난다고 하셨죠. 그런 본인을 남자 친구는 침착하게 타이르게 되고요. 또한 남자 친구가 다른 사람들과의 관계 속에서 화의 문제를 유사한 방식으로 경험하는 것도 목격하셨어요. 여기에서 우리가 명료하게 알 수 있는 사실은, 남자 친구가 화에 대해서는 늘 이를 통제하는 자리에 가고자 한다는 사실입니다. 화는 남자 친구에게 가볍고 온전한 대상이 아니라, 통제를 필요로 하는 버겁고 불편한 대상이라는 것입니다.

남자 친구는 이미 화가 나 있어요. 그 화를 자신의 것으로 인정하기가 싫어서 질문자 님에게, 혹은 다른 사람들에게 자신도 모르게 화를 넘겨주고 있을 뿐이에요. 그리고 자신은 화와 분리된 입장으로 가려고만 하고요. 맞는 얘기만 하는 사람은 '맞는' 얘기만 하는 사람입니다. 실제로는 화의 힘으로 때리고 있는 거예요. 그러니까 그 얘기를 들으며, 영문도 모르고 맞는 사람은 또 화가 날 수밖에 없죠. 그게 화가 은밀하게 다른 대상에게 넘겨지는 방식입니다.

남자 친구와 얘기를 하며 답답하고 화가 날 때, 이 화가 남자 친구의 것이라고 느껴보세요. 그리고 물어보세요. "얘기를 들으니까 뭔가 답답하고 화가 나는데, 혹시 뭐 안 좋은 일 있어? 당신을 위협하거나, 뜻대로 안 되는 일이 있어?"

거기에서 입장은 바로 반전됩니다. 질문자 님은 이제 남자 친구가 소외시킨 화를 만나주는 분이 되셨거든요. 애초 본인은 화를 잘 내는 분이 아니라, 버겁고 불편해서 아무도 안 받아주던 화를 유일하게 본인의 몸으로 받아주는 보살행을 하고 계시던 분이세요. 화가 크면 클수록, 그 화를 담아내고 있는 그릇이 대체 얼마나 큰지를 확인할 수 있는 기회입니다. 그렇게 존경스러운 남자 친구조차 스스로 소외시킬 정도로 커다란 이 화를, 본인은 지금 이미 담아내고 있다는 그 사실을 잊지 마세요.

왜 이런
장애를
겪어야 할까

"

      지금 20살인 남자입니다. 어렸을 때 소아마비를 앓아 거동이 불편합니다. 그래도 하루하루 남들 하는 것만큼 열심히 살아가려고 공부도 하고 아르바이트도 하면서 최선을 다하고 있습니다. 부모님이나 친구들, 주변 사람들에게 폐를 끼치지 않고 혼자 서고 싶거든요. 그런데 얼마 전에 길을 걷다가, 좀 불량해 보이는 고등학생들이 제 옆을 지나가는데 그 중에 한 친구가 '야, 봐봐, 병신이다.'라고 하는 얘기를 들었습니다. 그때 화가 나기보다는 어리둥절하며, '쟤들이 혹시 나보고 애기한 걸까?' 한참을 생각했습니다. 그러다가 갑자기 이런 것들이 너무 억울하고 속상해져서 그 자리에 앉아 펑펑 울었습니다. 제가 대체 무슨 잘못을 했을까요. 제가 무슨 업을 지었길래 이런 몸이 되어 고통받아야 하는지 정말로 모르겠습니다. 제 자신이 너무 한심하고 원망스럽습니다.

"

::   아. 가슴이 함께 아파오는 얘기입니다. 얼마나 억울하고 또 얼마나 속상하셨을까요. 슬픔이 차올라 이을 말을 찾기가 힘드네요. 단 하나, 제가 이 지점에서 확실히 하고 싶은 것은, 이러한 것들이 질문자 님의 잘못이 아니라는 것이에요. 잘못에 대해서는 잠깐 잊으세요. 또 업에 대해서도 잠깐 잊고, 우리가 함께 나눌 수 있는 사실만을 나누어 보도록 해요. 필요 이상의 짐을 짊어지지는 않으셨으면 해요. 이미 충분히 무거우시니까요.

질문자 님은 사실적으로 몸이 불편합니다. 그래서 몸이 불편하지 않은 사람들만큼 똑같이 무언가를 하는 것은 어려울 것입니다. 이 사실이 인정되지 않으면, 질문자 님은 늘 스스로 만든 불리한 입장에 놓이시게 되요. '몸이 불편한 사실' 위에 계신 질문자 님이, 삶의 기준을 '몸이 불편하지 않은 사람들만큼'에 두고 계시니까요.

우리가 놓인 사실을 받아들인다는 것은, 우리 자신의 한계를 안다는 것입니다. 그리고 자신의 한계를 정확하게 알게 될 때만이, 우리는 진정으로 도움을 요청할 수 있습니다. 그렇게 주어지는 도움에 진정으로 감사할 수 있습니다.

몸의 장애가 있는 분들에게만 해당되는 얘기가 아니에요. 우리는 저마다 각자의 한계를 갖고 있습니다. 그 한계 이상으로 할 수 없는 것들에 대해, 우리는 늘 누군가의 도움을 받으며 살고 있습니다. 즉, 우리는 이미 서로를 보살피면서 살고 있습니다. 이러한 일들이 너무나 자연스럽게 이루어지는 까닭에, 우리가 그 감사함을 생생하게 경험하지 못할 뿐이죠.

그러나 질문자 님은 스스로의 한계가 더 명확하게 드러나 있는 만큼, 보살핌 또한 더 명확하게 경험하실 수 있을 것입니다. 보살핌이라는 게 얼마나 감사한 일인지를 누구보다도 가슴 깊이 느끼실 수 있을 것입니다. 또한 그 보살핌을 주어야 할 때 어떻게 주어야 하는지도 누구보다 잘 이해하실 수 있을 것이에요.

그렇게 질문자 님이 자신의 몸으로 보살핌을 경험하면 할수

자비의 마음으로 스스로를
충분히 보살펴 주시고,
사람들에게 기꺼이 보살핌을 받으세요.

번뇌

록, 질문자 님은 세상에서 가장 유능한 보살핌의 전문가가 되시는 것입니다. 주변 분들에게 폐를 끼치는 것이 아니에요. 주변 분들로부터 보살핌을 받는 경험을 통해, 질문자 님은 보살핌의 전문가가 될 수 있는 기회를 얻으시는 것입니다.

몸이 불편한 질문자 님에게 "병신"이라고 하며 지나간 그 학생을 보세요. 그 학생은 보살핌이 무엇인지 전혀 모르는 사람입니다. 보살핌을 알지 못한다는 것은, 보살핌을 경험한 적이 없다는 것입니다. 보살핌을 받지 못한 경험이 얼마나 슬픈 일인지를 질문자 님은 누구보다 잘 알고 계시잖아요. 그 학생은 그저 슬픈 사람입니다.

질문자 님은, 보살핌을 모르는 그 슬픔을 이미 이해하고 계시는 분이에요. 자비라는 게 어떠한 것인지를 이미 알고 계시는 분입니다. 그 자비의 마음으로 스스로를 충분히 보살펴 주시고, 사람들에게 기꺼이 보살핌을 받으세요. 질문자 님은 결코 '병신'이 아니라, 세상의 그 어떤 '병신'에게라도 따뜻한 보살핌을 주실 수 있는 자비의 생생한 증거입니다.

내 마음,
어디까지 알고 있니?

나는
늘
손해를
보며 살아요

"

　　　저는 늘 손해를 보며 사는 것 같습니다. 학교나 회사에서 보면 꼭 혼자 입바른 소리를 해서 불이익을 받곤 하거든요. 그렇다고 제가 대단한 사람이란 건 아닙니다. 그저 인간으로서의 정도라는 게 있잖아요. 성실하게 자기 일 책임감 갖고 열심히 하며 착하게 사는 건 인간으로서의 기본적인 도리라고 생각합니다. 그 정도는 지키자고 얘기하는 건데, 워낙 그렇지 않은 사람들이 많다 보니 제가 무슨 특별한 얘기를 하는 사람처럼 보이기도 하나 봅니다. 물론 저도 제가 말한 대로 완벽하게 사는 사람은 아닙니다. 그래도 전 그렇게 사람답게 살려고 치열하게 노력은 하고 있단 거죠. 그 노력을 같이 하자는 것뿐입니다. 이 당연한 얘기가 왜 그렇게 사람들을 불편하게 하는지 이해가 안 갑니다. 〞

:: 　　　　예. 질문자 님께서는 참 용기 있는 분이시네요. 본인이 불이익을 받을 걸 아시면서도, 또 이렇게 상담사연을 보내주실 만큼 본인의 현실에 불편함을 느끼시면서도, 질문자 님이 선택한 길을 걷고자 하시니 말입니다. 질문자 님은 분명 대단한 분이 맞습니다. 세인과 다른 영웅의 길을 걷는 분이세요.

바로 그러한 까닭에, 사람들의 동조를 이끌어내기 어려우실 것 같아요. 영웅이 영웅인 이유는 아무나 들 수 없는 무거운 짐을 들고 있기 때문입니다. 즉, 무거운 짐을 잘 드는 사람이 영웅이에요. 그리고 모두가 무거운 짐을 드는 일을 좋아하는 것은 아닙니다.

질문자 님께서 사람들에게 요구하는 그 삶이 정말로 무거운 짐이라는 사실을 정확하게 이해해 보도록 하죠. 질문자 님도 본인이 말씀하시는 것처럼 살기 위해 치열하게 노력하고 있다

사람들이 이미 자신의 삶 속에서
　　각자의 짐을 무겁게 짊어지고 있다는
사실을 정직하게 확인해 보세요.

고 하셨잖아요. 치열한 노력을 요한다는 것은 이미 물 흐르듯이 자연스럽게 이루어지는 손쉬운 일이 아니라는 얘기죠. 즉, 그걸 이루기 위해서는 의도적으로 많은 힘을 기울여야 한다는 것입니다. 마치 무거운 짐을 억지로 드는 일과 같아요.

질문자 님 본인도 많은 힘을 써야 하는 일을 사람들에게 똑같이 하라고 요구한다면, 이는 사람들에게 여분의 짐을 짊어지라고 하는 강요에 지나지 않게 됩니다. 사람들이 이미 자신의 삶 속에서 각자의 짐을 무겁게 짊어지고 있다는 사실을 정직하게 확인해 보세요. 그렇다면 질문자 님께서는 과연 그들의 어깨 위에 짐을 더 올리라는 얘기를 하실 수 있겠어요? 게다가 그 여분의 짐은 사람들이 스스로 원한 것도 아닌, 오직 질문자 님만이 원하는 것일 뿐인데요?

이 사실을 기억하셔야 해요. 역도선수가 무거운 역기를 들어 올림으로써 만족감을 느끼는 것은, 그가 삶에 대해 만족을 느끼는 방식으로서 역도를 선택했기 때문입니다. 역도에서 만족감을 못 얻는 사람이 당위적으로 역기를 들어 올리는 일은 고문에 다름 아닙니다. 그런데 여기에서 나아가 역도선수가 "니들은 역기를 들어 올리지 않으니 진정한 인간이 아니야!"라고 말한다고 해보세요. 아무도 그 역도선수와 친하게 지내려고 하지 않을 것입니다.

그러나 그 반대로, 우리는 다른 누구에게도 자신의 삶의 방식을 강요하지 않으며, 오로지 자기가 선택한 길을 묵묵히 그의 삶으로서 열심히 살아낸 역도선수의 멋진 모습을 올림픽에서 보며 감동의 박수를 보냅니다. 그는 스스로 선택한 길을 오직 스스로가 멋들어지게 살아냈기 때문에 진정한 영웅이 된 것입니다.

이처럼 영웅은 자신이 선택한 길을 다른 사람에게도 똑같이 요구할 필요가 없습니다. 자신의 선택은 오직 자신의 삶으로서 증명되어야 할 것이죠. 그리고 영웅이 살아낸 그 모습이 사람들의 가슴을 뜨겁게 울린다면, 그 어떤 강요 없이도 사람들은 자연스럽게 영웅의 삶을 스스로 따라 살게 됩니다. 그게 정말로 멋지고 좋은 삶의 방식이라는 것이, 영웅이 직접 그렇게 살아냄으로써 증명된 까닭입니다.

바로 이와 같습니다. 질문자 님이 반하신 삶의 방식이 있다면, 사람들에게 그렇게 살기를 요구하지 말고, 질문자 님 스스로가 그렇게 살아냄으로써 그 근사함을 증명해 보세요. 그러면 질문자 님이 반하신 그 삶의 방식에 사람들 또한 반해 이를 따르게 될 것입니다.

지진참사
현장을
보고나니
삶이 두려워요

"   얼마 전에 네팔에 지진이 났었잖아요. 여행을 갔다
가 그 참사의 현장을 직접 목격하게 되었습니다. 정말 모든 게
다 파괴된 참혹한 광경과 사람들의 모습이 아직도 눈앞에 아
른거립니다. 한국에 돌아와서도 그 모습이 너무 안쓰러워 자
꾸 울게 되고 가슴이 너무 떨리며 두려웠습니다. 저 사람들이
앞으로 어떻게 살아갈지 생각하니 가슴이 메어오기도 하고
요. 그런데 제가 이런 얘기를 하며 계속 우니까 한 친구가 '너
는 그 사람들의 삶을 걱정하는 게 아니라 네 자신을 걱정하는

것 같다.'라는 말을 했습니다. 그 말을 듣고 처음에는 친구에게 화를 냈는데, 집에 와서 생각해 보니, 사고를 당한 현지 분들은 오히려 그런 상황에서도 웃으면서 일상을 살아가는데, 제가 혼자 오버를 하고 있나 싶기도 하고요. 뭐가 뭔지 잘 모르겠습니다. 그냥 이런 무서운 일들이 안 생겼으면 좋겠어요.

"

:: 많이 놀라셨겠습니다. 인간이 경험할 수 있는 가장 두려운 일 중의 하나를 몸소 경험하셨군요. 너무나도 당연하게 우리의 발밑을 떠받치고 있던 기반이 흔들려 모든 것을 다 잃게 되는 경험은 인간에게 분명 가장 공포스러운 사건일 것입니다.

비단 지진의 경우뿐만이 아니라, 우리는 이처럼 우리의 기반을 뒤흔드는 사건들에 대해 예민해질 수밖에 없는 것 같습니다. 가족, 직장, 학벌, 재산, 수입, 인간관계 등과 같은 그 모든 삶의 요소들이 우리가 기반으로 상정하고 있는 것들이죠. 이것들의 상실은 곧 우리에게는 죽음과 같을 것입니다. 그리고 이 죽음은 인간에게 있어 가장 근원적인 두려움입니다.

질문자 님께서 경험하고 계신 것이 바로 이 죽음에 대한 두

우리가 언제라도 죽을 수 있다는
사실을 통해 우리가 도달하게 되는 자리는
바로 감사함의 자리입니다.

내 마음,
어디까지 알고 있니?

려움일 것입니다. 너무나도 실제적으로 질문자 님의 눈앞에 펼쳐져 있는 죽음의 현장을 목격하심으로써, 죽음이라는 사실이 실감나게 질문자 님에게 자각되신 것 같습니다. 그러니 충분히 두려워하셔도 괜찮습니다. 부처님께서도 죽음이 너무 두려우셔서, 죽음을 피하기 위해 그 무수한 시간 동안 고행하셨잖아요.

포근한 이불에 누워, 깜짝 놀란 가슴에 손을 대고, 따듯한 손의 온기와 두근대는 심장의 소리를 느끼면서, 두려움과 함께 충분히 쉬십시오. 그렇게 계시다가 안전감이 조금 느껴지고, 또 이유모를 슬픔이 밀려오게 되시면, 그때 한번 확인해 보세요.

"아, 사람들은 다 죽는 거구나. 나 또한 그렇게 죽는 거구나. 이 모든 것이 영원할 수 없구나. 우리가 언제라도 죽을 수 있는 거구나. 우리가 살아 있다는 게 당연한 게 아니구나."

슬픔이 전해 주는 이 목소리를 한번 확인해 보세요. 그러면, 지금 질문자 님께서 살고 계신 이 삶이 얼마나 소중한 것인지 정확하게 알게 되실 것입니다. 단 한순간도 허투루 흘려보내기에는 너무나도 아까운 가장 귀한 순간들의 연속이 곧 삶이라는 것을 알게 되실 것입니다.

그렇습니다. 질문자 님의 이 삶은 질문자 님께서 선물 받으신 오직 단 한 번뿐인 기회입니다. 질문자 님은 죽음을 자각하심으로써, 이 삶이 그토록 귀한 보물이라는 사실을 정확하게 발견하신 것입니다. 이처럼 죽음은 질문자 님을 두렵게 만들기 위해서가 아니라, 이 삶이 소중하다는 사실을 정말로 사실로서 확인하실 수 있도록 알려진 경험입니다.

우리가 언제라도 죽을 수 있다는 사실을 통해 우리가 도달하게 되는 자리는 바로 감사함의 자리입니다. 질문자 님에게 속한 모든 것이 당연하게 유지되는 것이 아니라 언제라도 붕괴될 수 있다는 이해는, 정확하게 그 모든 것에 대한 감사함의 감각을 환기시킵니다. 죽음에 대한 두려움은 이처럼 지금 누리고 계신 이 생생한 삶에 대한 감사함의 감각으로 전환됩니다.

걱정 마시고, 생존하신 현지 분들처럼 웃으십시오. 이 삶에 대해 함께 웃으며, 함께 감사하십시오. 지금 이렇게 귀하게 살아계신 질문자 님께 참 감사드립니다.

남에게
희생만 하는 게
내
팔자인가요?

"

　　30대 직장여성입니다. 아직 결혼은 안 했고요. 그
렇잖아도 이 문제로 고민이 있습니다. 제가 만나는 남자들마
다 좀 뭐라 해야 되나요. 나쁜 남자 그런 건 아닌데 늘 제가 관
계에서 희생되는 느낌이에요. 그래서 결국 지쳐서 헤어지게 되
고요. 저는 정말로 누구를 좋아하면 정말 그 사람에게 가장
최고를 해주거든요. 제가 하는 것만큼 똑같이 저에게 해달라
는 건 아니지만 그래도 아주 조금만 저한테 잘해 주면 좋겠는
데, 제가 만난 남자들은 오히려 저를 다른 사람들보다도 더 하

찮게 대한다는 느낌을 받을 때가 많았어요. 전 그냥 늘 다른 사람보다 저를 조금만 더 신경 써주고 제 말을 항상 우선적으로 들어주고 이러기만 하면 다른 특별한 걸 해주지 않아도 충분하거든요.

그런데 다들 그게 잘 안되더라구요. 그래서 어떤 때는, 그래, 너네가 아직 내가 주는 큰 사랑을 받을 자격이 없구나 스스로 위안해 보기도 하고, 또 어떤 때는 그냥 이렇게 사람에게 전적으로 헌신하며 사는 게 내 몫이구나, 나는 그저 내 최선만을 다하며 충실하게 살면 되지 하며 마음을 다잡기도 합니다. 좀 슬프기도 하지만 이게 저란 사람의 팔자인데 어떻게 하겠어요?

"

:: 안녕하세요. 질문자 님께서는 연인에게 최고로 잘해 주시지만, 본인이 바라시는 것들은 받지 못하는 패턴이 반복되다 보니 지치게 되셨군요. 특히 본인이 바라시는 게 특별한 것도 아닌 그저 어느 정도의 것일 뿐인데, 그것마저 못 받고 계신 현실이니, 정말 지칠 만도 하시겠습니다.

그런데 계속되는 지침에도 불구하고 같은 종류의 이성관계를 반복하고 계시잖아요. 관계에서의 좌절에도 불구하고 동일한 성격의 관계를 계속 되풀이한다는 것은, 그러한 관계를 통해 본인이 바라는 걸 얻고 싶은 기대가 크다는 것입니다. 아무리 반복해서 좌절해도 포기하지 못할 만큼 그 정도로 그 관계에 대한, 그리고 관계의 대상에 대한 기대가 크다는 얘기죠.

질문자 님이 이성관계에서의 대상, 즉 연인에 대한 기대가 크다는 것을 이해하는 것이 이 주제를 탐구하기 위한 출발점일 것입니다. 질문자 님은 연인이 질문자 님에게 아주 조금만 잘해 주기를 기대하시는 게 아니라, 대단히 잘해 주기를 기대하시는 거예요. 질문자 님은 연인에게 최고로 잘해 주신다고 하셨죠. 정직하게 한번 확인해 보세요. 질문자 님이 연인에게 받기를 원하시는 크기도 바로 그 최고입니다.

연인이 늘 다른 사람보다 질문자 님을 더 신경 써주고, 질문자 님의 말을 항상 우선적으로 들어주기를 바라시는 그 마음은, 누구보다도 연인에게 사랑받고 싶어하는 마음입니다. 즉, 연인에게 독점적인 사랑을 원하는 마음이죠. 그게 질문자 님 마음의 소망이세요. 그런데 그 소망이 지금껏 좌절된 이유는, 질문자 님이 그 소망을 따라 받고자 하려는 게 아니라, 오히려 본인이 주려고 하셨기 때문입니다.

먼저 정직하게 큰 사랑을 받고
싶다는 목소리를 내서야,
그 큰 사랑을 줄 수 있는 자도 나타나게 됩니다.

내 마음,
어디까지 알고 있니?

우리가 정말로 받고 싶은 걸 오히려 상대에게 줌으로써, 우리의 결핍은 더욱 심화되는 현실은 분명 우리에게 너무나 빈번하게 알려지는 현실입니다.

질문자 님에게 필요하신 건 그저 본인의 마음의 소망에 정직하게, 본인을 최고로 사랑해 달라고 연인에게 요청할 목소리를 낼 용기입니다. 우리는 이 목소리를 내지 않고 관계에서 철수함으로써, 스스로를 인어공주와 같은 아름다운 헌신적 비극의 주인공처럼 만들어 결과적으로 좌절만을 남기곤 합니다. 그 좌절은 질문자 님의 몫이 결코 아닙니다. 질문자 님의 몫은 원하시는 것만큼 큰 사랑을 받으시는 거예요.

질문자 님이 먼저 정직하게 큰 사랑을 받고 싶다는 목소리를 내셔야, 그 큰 사랑을 줄 수 있는 자도 나타나게 됩니다. 사실은 받고 싶으면서 그 목소리는 내지 않고, 오히려 주려는 움직임만을 보이면 결코 얻지 못하게 되요. 특히 본인이 준만큼 똑같이 돌려받기를 기대하며 주는 경우, 이는 실제적으로 상대에게 강요된 짐을 떠안기는 것과 같기 때문에 더욱이 받기 어렵게 됩니다.

본인이 바라는 최고의 사랑을 주려고 하지 마시고 한번 받아 보려고 하세요. 주는 것은 우리의 행위에 달려 있으니 쉽습니다. 그러나 받는 것은 우리의 행위와 아무 관계가 없는 까닭에 더 어렵고, 더 귀한 것입니다. 최고의 사랑을 간절히 받고 싶어하는 그 팔자대로 부디 최고의 사랑을 받으시기를요.

내 마음,
어디까지 알고 있니?

장남답게
산다는 게
뭐죠?

" 　　　　　30대 초반 직장 남성입니다. 3남매 중에 제가 맏이
인데요. 장남이란 게 이렇게 스트레스를 받는 일인지 몰랐습
니다. 특히 집에 돈 들어갈 일만 생기면 다 저한테만 많은 부담
을 요구하는데, 사실 이제 직장 초년생이 돈이 있으면 얼마나
있겠습니까? 저도 넉넉하지 않은데 제가 집안일까지 다 책임
져야 한다니 좀 부당하게도 느껴집니다. 막내동생 같은 경우
는, 오빠가 장남이라 어렸을 때부터 우리보다 더 대접받았으니
더 책임져야 하는 건 당연하다며, 자기가 오빠 입장이었다면

오빠처럼 무책임하게 안 했을 거라고도 그러는데, 그 말도 어느 정도 수긍은 가지만 그래도 이건 좀 너무하다 싶습니다.

특히 아버지께서는 저에게 집안을 이끌어갈 장남으로서의 책임을 계속 강조하시는데, 아니 저도 장남으로 태어나고 싶어 태어난 건 아니잖습니까. 사실 아버지도 장남으로 자라셨는데 그런 명분으로 고집 부리셔서 할아버님 유산도 제일 많이 받고, 또 당신이 장남이라는 이유로 형제분들 다 권위적으로 통제하려고 하십니다. 그런 걸 보면 장남이란 게 전혀 좋아 보이지 않고 좀 불편합니다. 저는 그렇게 인위적으로 남보다 더 특권을 얻는 삶보다, 서로 자연스럽게 정과 사랑을 함께 나누는 삶을 살고 싶습니다. 이렇게 생각하는 제가 이상한 겁니까?

,,

:: 　장남이라는 사회적 역할이 부당하게 느껴져 불편해 하시는군요. 또 그 장남이라는 역할 자체도 부정적으로 느끼시는 것 같고요. 장남이라는 이름으로 질문자 님이 경험하고 계신 사실이 어떤 것인지 저희가 함께 탐구해 보면 좋을 것 같습니다.

내 마음,
어디까지 알고 있니?

장남이라는 역할은 단지 생물학적 사실일 뿐,
생물학적 당위가 아닙니다.

장남이라는 게 대체 무엇일까요? 먼저 그것은 한 배에서 다른 형제자매들보다 먼저 태어났다는 생물학적인 사실입니다. 그런데 이 출발점을 한번 정확하게 확인해 보세요. 누군가가 먼저 태어났다는 사실만으로 왜 그의 삶의 특권과 의무가 결정되어야 할까요? 그건 마치 아리안족이 생물학적으로 다른 민족보다 우월하다는 히틀러의 얘기나, 선천적인 혈통이 귀천을 결정한다는 과거 귀족들의 얘기와 다를 바가 없는 얘기입니다. 이처럼 우리가 생물학적인 사실을 사회적 가치체계와 임의적으로 결부시키는 데서 많은 소외의 고통이 발생하며, 질문자 님이 겪고 계신 고통이 바로 그러한 고통입니다.

우리는 개인의 출생에 대한 생물학적인 사실과 그 개인의 사회적 역할을 정확하게 구분할 필요가 있습니다. 역할은 말 그대로 역할입니다. 전체의 체계가 잘 돌아가게 만드는 톱니바퀴인 것이죠. 그리고 해당 부분에 가장 적합하게 생긴 톱니바퀴가 그 일을 수행하면 되는 것입니다. 혹시라도 막내 동생 분이 장남으로서의 역할을 원하신다면 그 사회적 역할을 모든 특권 및 의무와 함께 양도하십시오. 역할은 그 역할을 하고 싶어 하는 이가, 그리고 더 잘할 수 있는 이가 맡는 것이 전체의 체계에도 잘 이바지하게 됩니다.

그런데 만약 그 역할의 특권과 의무에 대해서는 많은 얘기를 하던 이가, 본인이 그 역할을 맡는 일은 거부하고자 한다면, 그 지점에서 우리는 이해할 수 있습니다. 장남이라는 역할이 모두의 귀찮은 짐을 떠넘기고 의존하고자 하는 일종의 희생양이라는 사실을요. 그러면 우리는 장남이라는 역할이 얼마나 감사한 역할인지를 자각할 수 있게 됩니다.

　　장남이라는 역할은 단지 생물학적 사실일 뿐, 생물학적 당위가 아닙니다. 그 또한 다른 무수한 역할들만큼이나 마음의 필요에 의해 정당하게 만들어진 감사한 역할일 뿐입니다. 그리고 동시에 역할은 어디까지나 역할에 불과합니다. 그 역할에 질문자 님이 당위적으로 갇히실 필요는 없습니다. 다만 그 역할에 대한 감사함만을 손수 드러내 보십시오. 장남이라는 희생양으로서의 역할이 얼마나 고되고 슬픈 역할인지를 정확하게 앎으로써 그 역할이 진정 감사한 역할이라는 사실을 먼저 드러내 보십시오. 그러한 움직임이 바로 질문자 님께서 말씀하신, 자연스럽게 정과 사랑을 함께 나누는 삶을 열어 줄 것입니다.

고시텔에서
혼자 사는
서른네살 취준생

" 안녕하세요. 34세 취준생입니다. 취준생이라고 하기엔 나이가 좀 많은 것 같지만요. 현재 저는 작은 고시텔에서 혼자 살고 있고요. 간간히 일용직 일을 하면서 월세랑 밥값만 벌어 하루하루 살고 있습니다. 대학 마치고 20대 후반부터 벌써 8년째 이러고 있는 것 같아요. 여기에서 불 끄고 잠들려고 누워 있으면 문득 제가 관 속에 누워 있는 것 같은 기분도 듭니다. 이 깜깜하고 작은 관 속에서 내 인생은 이렇게 끝나는구나, 내일 아침에 눈뜨지 않고 그냥 자다가 죽었으면 좋겠다고 생각할 때가 하루이틀이 아닙니다. 제가 뭘 잘못한 걸까요? 왜 제 인생이 이렇게까지 와 버렸을까요? 이런 때일수록 더욱 공부를 하고 치열하게 준비를 해서 제 인생을 변화시켜야 할 텐데 그게 잘 안 됩니다. 대학 졸업할 때만 해도 분명 자신 있었거든요. 저희 집이 잘사는 편이 아니어서 제가 빨리 취직해 부모님께 효도하고 맛있는 것도 많이 사드리려고 했어요.

어렸을 땐 저희 집이 가난해서 세 식구가 단칸방에 살았는데요. 반찬이 김치밖에 없어도 어머니가 그 김치 찢어 제 숟가락에 올려주시며 함께 밥 먹던 시간이 참 행복했습니다. 그래도 결국 사람이 돈이 없으면 서로 얼굴 붉히고 할 일이 많아지잖아요. 그것 때문에 아버지 어머니 싸우고 하시는 모습이 싫어 제가 돈을 빨리 벌려고 했는데 그게 잘 안되었습니다. 취업에 자꾸 낙방하다 보니 어느새 부모님은 이혼을 하셨고, 저희 가족은 지금 다들 따로 살고 있습니다. 그걸 막지 못한 제 자신이 너무 혐오스럽습니다. 제가 열심히만 했어도, 세상이 좀 도와주기만 했어도, 저희 가족은 화목하게 잘 살 수 있었을 텐데요. 그런 생각을 하면 제 자신에게 너무 화도 나고 미칠 것 같습니다. 제 삶을 되돌리고 싶어요.

"

::   안녕하세요. 전해 주신 이야기를 들으니 참 슬퍼집니다. 질문자 님께서는 가족을 많이 사랑하시고, 또 그 사랑하는 가족과 함께하는 시간이 계속 이어질 수 있기를 간절히 바라셨군요. 그런데 그러한 본인의 소망과는 다르게 펼쳐졌던 현실이 너무 속상하실 것 같아요.

여기에 인간의 좌절의 역사가 있습니다. 좌절은 꿈꾸던 것이 이루어지지 않았기 때문에 야기된 불만족스러운 상태일 것입니다. 즉, 우리는 꿈꾸었기 때문에 좌절합니다. 그리고 우리가 꿈꾸는 것은 우리에게 현재 없다고 느끼는 것들입니다.

질문자 님 꿈은 가족과의 행복한 삶이 유지되는 것 같습니다. 그리고 그 꿈이 이루어지려면 돈이라는 조건이 필요하다고, 스스로 그 꿈을 성취하기 위한 조건을 만드셨고요. 그런데 질문자 님이 질문자 님의 삶 속에서 실제로 가족과의 행복감을 경험하신 순간은 오히려 돈이 없던 시절이라는 건 중요한 역설인 것 같습니다.

우리가 우리의 행복감을 유지시켜 주는 조건을 만들고, 그 조건을 만족시키는 삶을 끝없이 꿈꾸는 일은 영원히 쉴 수 없는 지옥과도 같을 것입니다. 그 조건을 만족시키지 못하는 이유를 자신에게로 돌려 스스로를 자책하는 경우라면 더더욱

내일 아침에 눈뜨지 않고
그냥 자다가 죽었으면 좋겠다고
생각할 때가 하루이틀이 아닙니다.
제가 뭘 잘못한 걸까요?

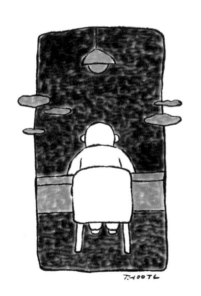

그러합니다. 한번 떠올려 보세요. 질문자 님이 행복했던 순간은 질문자 님의 노력과는 아무 상관없이 선물처럼 온전하게 주어졌습니다. 그렇듯이, 질문자 님이 그 행복을 현재 누리지 못하고 있는 현실도 질문자 님의 노력과는 무관합니다. 스스로에게 가혹해지지 마세요.

질문자 님은 분명 아름다운 순간을 아무 부족함 없이 온전하게 사셨고, 그로 인해 행복하셨습니다. 그 순간이 아름다웠던 이유는 다시는 돌아오지 않는 유일한 순간이었기 때문입니다. 모든 아름다움은 그것이 단 한 번뿐이기에 생겨납니다. 그래서 슬프고, 동시에 그래서 감동스럽습니다.

때문에 질문자 님이 현재 끝없는 부족함을 느끼는 경험에서 자유로워지고 싶으시다면, 질문자 님이 경험하신 온전함의 순간을 확인하실 필요가 있습니다. 그걸 확인하려면 그 아름다운 감동을 떠올리셔야 하고, 그 감동을 떠올리시려면 필연적으로 그 순간이 지금 내 곁에 없다는 슬픔을 생생하게 느끼셔야 합니다. 김치를 찢어 내 숟가락 위에 올려주시던 어머니의 손길이 지금 내 곁에 없다는 사실이 너무나도 슬퍼질 때, 그래서 너무나도 그리워질 때, 그 생생한 그리움을 통해 어머니의 손길은 질문자 님 스스로에게 새롭게 살아나게 됩니다.

즉, 그것이 이제 이 세상 어디에도 없다는 사실을 생생하게 슬픔으로 경험하실 때, 역설적으로 질문자 님이 그리워하는 그것은 질문자 님을 통해 이 현실에 다시금 출현하게 됩니다. 이것이 우리가 사실적으로 경험할 수 있는 진짜 기적입니다.

그러면 질문자 님은 보고, 듣고, 알게 되실 것입니다. 깜깜한 관 속에 누워 있는 가엾은 아이를 위해 그 어머니의 손길이 어떠한 것을 해줄 수 있는지를, 그리고 그 어머니의 손길은 질문자 님에게서 영원히 잃어버릴 수 없는 어떤 것임을요. 걱정마세요. 잃어버린 것도 아니고, 찾기 위해 부단히 노력해야 하는 것도 아닙니다. 다시 만나기만 하세요. 질문자 님의 바로 옆에서 늘 기다리고 있으니까요.

운명론을
믿어야
하나요

"

       안녕하세요. 제가 정말 궁금한 게 있는데요. 운명이란 게 정말로 있을까요? 왜 정신분석에서도 사람의 인생은 유년기에 이미 결정된다고 얘기하기도 하고 그러잖아요. 심리학적으론 정말로 정해진 운명이 있는 게 맞나요? 제가 뜬금없이 이런 걸 여쭤보는 이유는요. 얼마 전에 친구집에 모임이 있어 놀러 갔다가 거기서 한 여자 분을 만나게 되어 친해졌는데, 그분이 사주, 타로, 이런 걸 공부하는 사람이었던 거예요. 사람들은 역시 참 이런 운명론 같은 걸 좋아하는지, 그 모임에서도 분위기가 그 여자 분을 중심으로 흘러 결국 그 여자 분이 다른 사람들 운세를 다 봐주시게 되었죠. 그리고 제 차례가 되어 반쯤 떠밀려 저도 보게 되었는데, 제가 남자랑 결혼하고 평범하게 살기보다는 자기만의 공부를 해서 빛날 거라느니, 지금 남친과는 그냥 지금 이 순간 연때가 맞아 생긴 인연이니 그냥 감사히 이 순간을 누리며 건강한 홀로서기를 준비하라느니, 그런 얘기들을 하는 거예요. 그러다 그 여자 분이 뭔가 제 표정이 좀 안 좋아진 걸 눈치챘는지, "이런 얘기는 OO 씨한테 악담하는 게 아니라, 본인의 흐름 속에 이런 운명적 요소들이 있으니 그걸 미리 알고 충분히 대비해서 건강한 쪽으로 가라는 배려다."라고 얘기하는 것입니다. 그런데 저는 일단 그 분이 뭔가 운명을 다룰 줄 아는 권위자인 척 하는 것부터 짜증났고요. 또 한편으론 그런 얘기들을 열심히 들으며 정말 그런가 하고 있는 제 모습도 너무 싫었어요. 하여간 이런 사주나 타로 같은 걸 보면 늘 기분이 이상해요. 아닌 줄 알면서도 시원하게 부정도 못하겠고, 제 자신만 뭘 잘 모르는 바보가 되는 것 같아서 너무 별로에요. 이런 운명 같은 게 정말로 있는 건가요? 전 어떻게 해야 되죠 그럼?

"

결국 운명의 존재를 주장하는
목소리가 크면 클수록,
실상 그 목소리의 주체는 자신이 얼마나
불안한가만을 말하고 있는 셈입니다.

내 마음,
어디까지 알고 있니?

::　　　안녕하세요. 운명이라는 이름으로 질문자 님의 현재의 삶을 임의로 재단하고 해석하는 일에 기분이 많이 상하셨군요. 게다가 그 운명이라는 것에 본인 스스로도 어느 정도 권위를 주고 계시니 그러한 말들을 부정하지도 못해 답답하셨겠어요.

질문자 님을 이렇게 누르고 있는 운명이라는 게 대체 무엇일까요? 운명은 아마도 '정해진 것'일 겁니다. 정해져 있기 때문에 변하지 않고, 늘 그렇게 당위적으로 일어날 수밖에 없는 고정된 어떤 것이죠. 그리고 고정되어 있기 때문에 우리는 그것을 안정적으로 붙잡을 수 있습니다. 그렇게 운명은 우리에게 안정감을 제공해 줍니다.

그렇다면 누가 이 안정감을 필요로 할까요? 표현 그대로 현재 안정감이 없는 사람, 즉 불안한 사람이 그러하겠죠. 자신이 경험하는 불안을 잘못된 것으로 느끼고, 거기에서 벗어나 안정을 얻으려는 노력의 결과, 그 궁극의 차원에서 우리는 운명이라는 거대한 고정불변의 개념을 우리 삶에 도입하게 된 것입니다.

그건, 이 우주의 모든 것이 예측할 수 없는 불확정의 세계라고 여기며 불안해하기보다는, 좀 갑갑하더라도 모든 것이 통제

되어 있는 사방의 벽으로 둘러싸인 세계를 선택하고 싶은 소망이었을 것입니다. 불안이 너무나도 싫었던 누군가의.

그렇기 때문에 결국 운명의 존재를 주장하는 목소리가 크면 클수록, 실상 그 목소리의 주체는 자신이 얼마나 불안한가만을 말하고 있는 셈입니다. 운명이라는 개념을 적극 받아들이고, 그 운명을 효과적으로 통제하고 다룰 수 있는 안정적인 위치에 서 있는 것처럼 보이려고 하는 사람일지라도 말입니다. 다시 얘기하자면, 질문자 님에게 운명을 얘기하는 사람 역시도, 질문자 님이 그런 얘기를 듣고 불안해 하시는 것과 똑같이 자신의 삶이 불안하기 때문에 그런 얘기를 한다는 것입니다.

운명 얘기를 하는 누군가가 있을 때 그것을 질문자 님에게 하는 얘기로 들으실 필요는 없습니다. 저 사람은 자기 삶을 참 많이 불안하게 느끼는구나, 그래서 스스로 갑갑한 감옥 속에서 살기를 선택하고, 또 모두가 다 같이 감옥 속으로 들어가야 한다고 말하는 거구나, 그저 그렇게 보십시오. 그리고 질문자 님께서는 불안과 함께 이 불확정의 세계로 기꺼이 여행을 떠나 보세요. 유구한 생명의 역사가 그러했듯이, 단 한순간도 고정되고 유지되지 않는 변화 속에서, 늘 예측불허였으며, 따를 수 있는 운명매뉴얼 같은 것도 없었지만, 그럼에도 불구하고 언제나 기적 그 자체처럼 오직 스스로 길을 열어왔던 그 온전한 생명의 역사를 바로 질문자 님의 현실로 만들어 보세요.

그러한 현실은 우리가 불안과 함께함으로써 비로소 만날 수 있는 현실일 것입니다. 불안은 예측할 수 없는 미지를 만났을 때의 우리 가슴의 생생한 두근거림, 즉 우리가 바로 생명이라는 직접적인 증거거든요. 그렇게 불안은 우리가 생명임을 늘 일깨워 주며, 우리가 생명임을 아는 한, 우리는 늘 자유롭습니다.

무능한
회사동료가
너무
한심해요

"

　　서른 살 직장인입니다. 저희 팀에 정말 능력은 없고 하는 일마다 답답한 사람이 한 명 있어서 문제가 되고 있습니다. 기본적으로 자기 일을 잘 하지도 못하는데다가, 모르면 배울 생각을 해야 하는데 그런 것도 안 하니 진짜 답답합니다. 그렇게 하면 전체 팀에게 민폐가 된다는 걸 왜 생각을 못하는지 모르겠습니다. 저만 그렇게 느끼는 게 아니라 저희 팀원들 대부분이 다들 그 사람을 저와 같은 이유로 싫어합니다.

　　이런 불경기에 좀 잔인한 얘기이긴 하지만 그 사람이 눈치껏 자기 발로 나가주든가, 윗선에서 냉정하게 사업적 판단을 통해 퇴사를 시켰으면 좋겠어요. 그 사람 말고는 사실 저희 팀 구성원들은 대체적으로 비슷한 성향들이라 마음도 잘 맞고 업무 조화도 잘되거든요. 저희가 좀 도전적인 마인드라고 해야하나요? 다들 각자 자기발전을 게을리 하지 않고 저희 분야에서 치열하게 노력하거든요. 그 사람만 없으면 저희 팀 전체가 지금보다 훨씬 더 역량을 집중시켜 커나갈 수 있을 것 같은데, 그 사람 때문에 자꾸 발목이 잡히는 것 같습니다. 눈치도 없고, 둔하고, 일도 못하고, 자기투자도 안 하는 그런 사람은 대체 왜 회사에 다니는 걸까요? 어디 가서 직장인이라고 말하고 다니겠지만, 제가 볼 땐 그냥 이미 도태된 낙오자처럼 보입니다. 제가 좀 심하게 얘길 하는 것 같아 죄책감도 드는데, 매일 같은 공간에서 마주하면서 오죽 답답하면 제가 이러겠나요. 진짜 꼴보기 싫습니다.

"

::   안녕하세요. 질문자 님이 싫어하는 모습을 보이는 회사 동료와 함께 일하시느라 많이 답답하신 것 같습니다. 더군다나 그 동료의 모습이 질문자 님뿐만이 아니라 다른 팀원

들도 싫어하는 모습이라, 그 비호감의 강도는 더욱 크게 느껴지실 것 같아요.

우리가 무엇인가에 대해 "싫다."라고 얘기할 때, 그 정확한 의미는 아마 "(나는 그 무엇인가처럼 되기) 싫다."일 것입니다. 그래서 우리는 우리가 되기 싫은 모습의 반대 방향으로 열심히 달려가게 됩니다. 이 경우라면, 무능력한 모습의 반대편에 놓여 있는, 자기 발전을 게을리 하지 않고 치열하게 노력하는 유능한 모습을 지향하게 되겠죠. 그렇기 때문에 또한 질문자 님은 사실 동료 분이 아니라, 동료 분을 통해 스스로가 벗어나고 싶었던 무능한 자신의 모습을 보고 답답해하며 화를 내고 계신 것입니다.

그런데 여기에서 우리가 사실적으로 확인해야 할 부분은, 언제나 무능함이라는 게 존재하기에 그 반대 편에 놓일 수 있는 유능함이라는 것 또한 상대적으로 성립될 수 있다는 것입니다. 유능함은 결코 노력을 통해 단독으로 획득될 수 있는 개념이 아닙니다. 그 성립에는 언제나 무능함이라는 반대 항이 필수적으로 존재해야 합니다.

그러한 까닭에 유능함을 향해 달려가는 움직임은 실제적으로는 더 많은 무능함을 자신의 삶에 끌어들이는 결과를 낳게

유능함은 결코 노력을 통해
　　단독으로 획득될 수 있는 개념이 아닙니다.
　언제나 무능함이라는 반대 항이
　　　　　필수적으로 존재해야 합니다.

됩니다. 한번 떠올려 보세요. 우리가 더욱 유능해지기 위해서는 우리 밖의 세상이나 타인의 무능함이 더욱 많이 드러나야 합니다. 그래야 우리의 유능함이 더 가치 있어지고 커질 테니까요. 즉, 우리는 우리가 유능해지려 하는 만큼, 필연적으로 우리의 밖에서 더 큰 무능함을 보게 될 수밖에 없다는 역설적인 얘기입니다.

질문자 님이 경험하시는 현실이 이와 같을 것입니다. 말씀하신 것처럼, 질문자 님뿐만 아니라 다른 팀원들도 질문자 님과 같이 유능함에 대한 지향을 갖고 계신 까닭에, 해당 집단 모두가 그 문제가 되는 동료 분의 무능함을 더욱 크게 경험하게 되는 것입니다. 그래서 이를 역으로 얘기하자면, 지금 질문자 님과 팀원들이 회사 내에서 스스로를 유능하게 느끼실 수 있는 이유는 그 문제가 되는 무능한 분이 계시기 때문일 것입니다.

누구도 무능해지고 싶은 이는 없을 것입니다. 질문자 님 또한 무능하지 않으려고 많은 노력을 해오신 만큼, 무능함이라는 게 얼마나 괴로운 일인지를 잘 아실 것입니다. 현재 질문자 님의 동료 분이 계신 곳이 바로 그와 같은 지옥 속입니다. 그리고 그 동료 분이 그렇게 홀로 지옥에 계신 덕분에, 질문자 님과 다른 팀원들은 유능함이라는 축복을 받게 되었습니다.

유능함과 무능함이 결코 뗄 수 없는 한 쌍이며, 누군가가 유능함을 추구하는 만큼 반드시 상대적으로 누군가는 무능해질 수밖에 없다는 이 사실을 이해한다면, 우리는 우리가 소외해왔던 무능함에 대해 분명 이전보다 더 상냥해질 수 있게 됩니다. 우리를 대신해 무능해진 누군가의 슬픔을 만날 수 있게 됩니다. 우리 또한 바로 그렇게 슬프고 괴로웠으니까요.

이렇게 얘기해 봐도 좋을 것 같습니다. 질문자 님은 문제가 되는 그 동료 분이 대체 왜 회사에 다니고 있는지 의문이라고 하셨죠. 바로 질문자 님을 유능하게 해드리기 위해서입니다. 자신의 무능함으로 말미암아, 질문자 님이 그렇게도 추구하고 원하셨던 유능함이라는 선물을 드리기 위해서입니다. 그럼 이제 그 동료 분의 얼굴을 다시 한 번 봐 보세요. 어떻게 보이시나요?

차라리
결혼을
안 했다면
좋았을걸

"

제 인생에 대체 의미가 있는 걸까요? 요즘 그런 생
각만 자꾸 들며 멍 때리는 시간이 많습니다. 저는 재택근무로
번역 일을 하면서 이제 5살 된 아이를 키우는데요. 뭔가 제 삶
이 재미도 없고 보람도 없이 그냥 습관처럼 일어나 하루 보내
다가 잠드는 반복인 것만 같아요. 다 습관이 되어서인지 뭐가
딱히 힘들다거나 그런 건 없습니다. 남편이랑 사이도 나쁘지
않고, 가끔 만나 수다 떨 친구들도 있고, 또 아이 키우는 것도
이제 익숙해져서 제가 충분히 감당할 정도인 것 같고요. 일적

인 부분도 그냥 적당히 열심히 하면 나쁘지 않은 평가를 받아서 어려운 점은 없습니다. 그리고 저희 가정 소득도 괜찮은 편이어서 경제적인 어려움도 크게 느끼지는 않는 것 같아요. 그런데 제 삶이 그냥 이렇게 흘러가다가 끝난다는 게 뭔가 너무 허무하게 느껴져요. 차라리 결혼을 안 하고 번역 일만 전문적으로 했으면 뭔가 제 인생이 더 의미 있지는 않았을지, 아니면 아예 전업주부로 아이 키우는 데만 더 정성을 다했으면 좀 더 제 삶을 보람있게 느끼지는 않았을지… 이것도 저것도 아닌 지금의 제 삶을 누가 봐도 그냥 뻔하고 재미없게 보겠구나 싶습니다. 좀 뭔가 보람과 의미가 있는 삶을 살고 싶은데 어떻게 해야 하는지도 잘 모르겠고요. 원래 다들 이렇게 사는 건가, 이렇게 그냥 습관적으로 살다가 그저 가끔씩 소소한 행복을 느끼면서 사는 게 인생이란 건가… 여러 생각이 듭니다. 잘 모르겠어요.

,,

::   안녕하세요. 잘 몰라주셔서 감사합니다. 우리는 잘 몰라야 정말로 알 수 있으니까요. 습관이라는 것은 마치 당연한 정답처럼 주어진 것을 반복하는 거잖아요. 질문자 님께서

는 그러한 정답과도 같이 알고 계셨던 삶의 형태에 의문을 던지신 것입니다. 정말로 삶이라는 것을 알고 싶으셔서요. 그런데 여기에서 우리는 삶이라는 것을 추상적인 개념으로 다루기보다는, 질문자 님에게 실제로 드러나는 구체적인 사실로서 발견해 보고자 합니다.

질문자 님은 남편과의 관계, 친구들과의 관계, 아이와의 관계에서 익숙하고 원만한 관계를 유지하고 계시는군요. 또한 직업과의 관계에서도 좋은 평가를 받는 유능함이 드러나는 관계를 맺고 계시고요. 이렇게 다양한 관계를 잘 해나가고 계신 것 같습니다.

그런데 허무함을 느낀다고 하셨잖아요. 허무하다는 건 채워져야만 할 것 같은 비어 있음을 느낀다는 것이죠. 질문자 님의 모든 성공적인 관계에도 불구하고 허무함을 느끼신다니, 그 어떤 관계로도 채워지지 못한 것이 있다는 얘기로 들립니다. 채워져야 할 그 무엇을 보람과 의미라는 표현으로 말씀하시는 것 같고요.

이 얘기는 다시 표현하자면, 질문자 님은 보람과 의미를 원하셨지만, 그 어떤 관계에서도 보람과 의미를 찾을 수 없었다는 얘기로 들립니다. 즉, 관계 속의 그 어느 누구에게서도 질문

우리는 이처럼 똑같이 외로웠습니다.
　　외로운 줄도 모르고 외로웠습니다.
그러니 외로움을 잘 느끼심으로써
　　　　　외로움의 편에 서 주세요.

자 님은 보람과 의미를 얻지 못했다는 것이죠.

우리는 어떤 때 못 얻을까요? 상대가 주지 않았다고 느낄 때 우리는 못 얻습니다. 그리고 상대가 주지 않았다는 경험은 사실 그 상대에게서 받고 싶었다는 의미죠. 그렇다면, 질문자 님은 보람과 의미를 관계 속의 여러 대상들에게 많이 받고 싶으셨나 봅니다.

"일도 잘하고 가정도 잘 돌보는 당신처럼 멋진 아내가 있어 참 행복하다."

"우리 엄마 최고."

"얘, 가끔 만나 얘기해도 너처럼 마음 잘 맞는 친구가 있어 얼마나 감사한지 몰라."

"가정일도 있어 힘드실 텐데 이렇게 일을 완벽하게 해주시다니 정말 고맙습니다."

이처럼 질문자 님은 그들 모두에게 깊은 보람과 의미가 되어주고 싶으셨나 봅니다. 질문자 님이 그들 모두의 보람과 의미라는 말을 참 많이 듣고 싶으셨을 것 같습니다. 그런데 그렇게 많은 관계 속에서도 결국 허무함을 느낄 만큼 그 누구에게도 보람과 의미를 얻지 못하셨으니, 참 외로우셨을 것 같습니다. 이 외로움이 바로 질문자 님이 정말로 알고 싶어 하셨던, 현재 본인의 삶으로 드러나는 사실일 것입니다. 습관이라는 정답이 가리고 있던 사실은 외로움이었군요.

질문자 님도 외롭고, 또 질문자 님이 보람과 의미를 얻지 못하는 허무한 관계라고 느낀 그 모든 관계 속에 있던 이들도 같이 외로웠겠습니다. 우리는 이처럼 똑같이 외로웠습니다. 외로운 줄도 모르고 외로웠습니다. 그러니 외로움을 잘 느끼심으로써 외로움의 편에 서 주세요. 외로움에게 있어, 우리가 외로움의 편에 서 주는 것보다 더 큰 의미와 보람이 될 수 있는 일은 이 우주에 없을 것입니다. 허송세월이라뇨. 외로움이라는 인간의 가장 깊은 마음에 보람과 의미가 되어 주기 위해 준비하고 계셨던 것입니다.

의대생이지만
앞으로
삶이
막막하기만 해요

"

　　　저는 33세의 남자입니다. 의대대학원에 재학중이
고요. 남들은 의대 다닌다고 하면 과거의 모습과 다르게 인생
폈다고 하며 부러워하기도 하지만 실제 지금의 저는 그저 힘들
기만 합니다. 사실 저는 머리도 그렇게 좋지 않고 남들보다 배
는 노력해야 겨우 남들을 따라갈 수 있을 정도거든요. 저보다
덜 공부하면서도 더 좋은 결과를 내는 남들이 너무나 부럽고,
그런 모습을 볼 때면 제 자신이 너무 한심하고 무기력해집니
다. 그럴 때마다 마음을 다 잡고 더 열심히 해보려 하지만, 특

내 마음,
어디까지 알고 있니?

히 요즘은 다 회의가 듭니다. 아무리 노력해도 전부 다 의미없는 헛된 삽질 같고요. 제가 선택한 길인데도 왜 저는 이렇게 열심히 못하고 있는지, 좋은 결과를 못 내고 있는지 이런 제 자신이 너무 싫습니다.

저희 형은 변리사인데 늘 집에서 부모님의 인정을 받으며 좋은 아들로 부모님의 자랑이 되고 있습니다. 저도 그렇게 어디 가서 남들 앞에 부모님 부끄럽지 않게 효도하는 아들이 되고 싶어 이 길을 선택했습니다. 제가 의대를 들어간다고 했을 때 부모님들이 다 반대하셨던 것도 저를 못나게 보는 것 같아 너무 섭섭했지만, 제가 의사가 되면 결국 다 알아주실 거라 생각하고 이 길을 걸어왔는데, 요즘 너무 힘듭니다. 어떻게 하면 이 슬럼프를 극복하고 더 열심히 제 길에 정진할 수 있을까요?

"

:: 　　　안녕하세요. 본인이 선택한 진로를 걷는 일을 힘들게 느끼고 계시는군요. 자신보다 잘났다고 생각되는 남들과의 비교 속에서 그 힘겨움은 더 크게 느껴지고, 그런 만큼 질문자님 자신을 더 한심하고 무기력하게 경험하시는 것 같습니다.

힘들게 의사가 되어야만 사랑과 인정을
가까스로 받을 수 있는 세상이라면
그 세상이 어찌 지치고
피곤하지 않을 수 있겠습니까.

내 마음,
어디까지 알고 있니?

아마도 진로와 관련된 문제에 있어 우리가 탐구해봐야 할 물음은 '무엇을 선택하는가?'보다는 '왜 선택하는가?'가 더 유효할 것입니다. 특히 진로의 실현에 있어 우리가 반복되는 힘겨움을 경험하고, 그로 인한 지침과 애씀을 경험할 때, 이 물음은 더 긴밀하게 요청되는 물음일 것입니다.

왜 의사가 되는 길을 선택하셨나요? 질문자 님의 말 속에서 우리가 발견할 수 있는 것은, 과거의 모습과 다르게 인생 폈다는 부러움을 얻고, 부모님의 인정을 받아 좋은 아들로 부모님의 자랑이 되며, 남들 앞에 부모님 부끄럽지 않게 효도하고, 부모님이 자신을 못나게 보는 것 같아 섭섭하게 느꼈던 경험을 극복하기 위해서 등의 얘기들입니다.

즉, 질문자 님은 과거의 못난 자신, 특히 부모님이 못나게 보았던 자신의 모습에서 벗어나, 의사가 됨으로써 부모님의 자랑이 될 수 있는 자신의 모습을 얻고 싶으셨던 것 같습니다. 그렇다면, 이 모든 얘기들에서 우리가 핵심적으로 초점을 맞출 수 있는 지점은 바로 부모님입니다.

질문자 님은 부모님의 사랑과 인정을 받고 싶으셨군요. 그리고 그 인정과 사랑을 얻기 위한 방법으로서 의사가 되려는 진로를 선택하신 것 같습니다. 그런데 무언가를 얻기 위한 방법이란 곧 무언가를 얻기 위한 조건이기도 합니다. 즉, 질문자 님은 부모님의 사랑과 인정을 받으려면 의사가 되어야 한다는 조건을 스스로에게 부여하신 것입니다. 그러니 어떻게 질문자 님이 힘들지 않으실 수 있겠습니까. 힘들게 의사가 되어야만 사랑과 인정을 가까스로 받을 수 있는 세상이라면 그 세상이 어찌 지치고 피곤하지 않을 수 있겠습니까.

질문자 님이 이 사실을 한번 기억해 보셨으면 좋겠습니다. 사랑은 무언가의 성취로 얻는 것이 아니라 고백으로 얻는 것입니다. 사랑을 얻는 데 필요한 것은 사랑을 원한다는 고백뿐입니다. 그리고 질문자 님은 그 고백을 이미 무수하게 해오셨습니다.

물을 만나고 싶은 자가 우물을 파기 위해 수천 번 헛된 삽질을 하듯이, 질문자 님 또한 애쓰며 헛된 삽질을 해오셨습니다. 부모님의 사랑을 만나고 싶으셨던 까닭에요. 질문자 님의 삽질이 곧 질문자 님의 고백입니다. 설령 그 삽질의 결과 우물이 성취되지 않았다 하더라도 물을 만나기 위한 그 무수한 고백들의 아름다움이 사라지는 것은 아닙니다.

또 기억하십시오. 고백하는 사람은 바로 사랑하는 사람입니다. 질문자 님의 헛된 삽질의 총량은 부모님에 대한 질문자 님의 사랑의 총량입니다. 헛된 삽질 끝에 질문자 님의 눈에서 흐르는 눈물은 우물 대신에 질문자 님 스스로가 사랑의 수원지(水源地)가 되셨다는 증거입니다.

질문자 님은 이처럼 부모님을 향한 사랑의 고백을 너무나도 정직하게 또 무수하게 해오셨다는 사실 앞에 스스로 당당해지셔도 됩니다. 그리고 이 사실을 부모님 또한 아실 수 있도록 이제는 부모님 앞에서 한번 고백해 보십시오. 열심히 사랑한 그대, 이제는 타인에게 사랑받을 기회를 스스로에게 허락해 주셨으면 좋겠습니다.

훈장님,
외로운
우리 훈장님

> 안녕하십니까. 저는 요즘 세상 돌아가는 세태를 보
며 많이 답답함을 느끼는 사람입니다. 하늘 아래 인간이 살아
가야 할 도리가 있는데, 많은 이들이 자신의 욕심만을 추구하
며 그 도리를 잃어가는 것만 같아 씁쓸하기 짝이 없습니다. 상
담이란 것도 이러한 사람들의 욕심을 잘 다스리고 마음의 평
화를 주기 위해 참 중요한 일이라고 생각합니다.

사실 저는 종교인은 아닙니다만, 10대 때부터 뜻을 품고 수
행을 스스로 계속 해온 사람입니다. 그래서 제가 전문적으로

상담교육을 받지는 않았지만, 마음을 다스리는 법을 깊은 경험으로 증득했기에 어쩌다 보니 주변인들에게 상담자 노릇을 하고 있습니다. 그런데 제가 안타까운 것은, 사람들이 자꾸 어리석은 방향으로만 노를 저어 간다는 것입니다. 저와 상담을 하며 마음의 중심을 찾는 것은 잠시뿐, 곧바로 자신들의 어리석은 패턴대로 다시 또 삶을 낭비한다는 것입니다. 그럴 때마다 곧잘 큰소리도 조금 내가며 타이르지만, 그리 되면 제 모습이 무섭게 느껴지는지 도망을 가기도 합니다. 원래 몸에 좋은 약은 쓴 법인데, 자신들에게 좋은 약을 주려는 의도도 모르고, 표면적인 차원에서 오해를 하고 있으니 참 답답한 실정입니다.

스스로 뜻을 품고 치열하게 공부를 해나가야 마음을 다스리고 평온을 얻게 되는데, 평온함을 바라면서도 스스로 아무 노력도 하지 않는 사람들을 보며 안타깝기 짝이 없습니다. 이 세상에 자기 자신을 도울 수 있는 것은 자신밖에 없으니 어떤 일에도 흔들리지 않는 자기 중심을 키우기 위해 노력해야 한다는 사실을 잊고 세속적인 욕심에만 집착하고 있으니 어찌하겠습니까. 원래 남에게 좋은 것을 전하는 일이 이렇게 힘든 일인가 봅니다. 제 공부가 아직도 부족한가 싶습니다. **"**

::   안녕하세요. 다른 사람들에게 좋은 것을 주고 싶어 노력하시는데, 그 노력이 받아들여지지 않아 힘들어 하시는군요. 답답하다고 하시면서 사람들이 도망갈 정도로 큰소리도 내신다니, 화도 많이 나시는 것 같습니다. 원래 약을 안 먹으려는 아이에게 억지로 먹이려고 하는 행위는, 약을 먹이려는 사람도 아이도 화나게 만들잖아요. 이처럼 질문자 님이 화가 많이 나 있으시다는 사실을 정말로 이해하는 일은 중요할 것 같습니다.

약을 먹이려는 사람은 왜 화가 날까요? 힘들기 때문입니다. 질문자 님이 화가 나는 만큼, 질문자 님은 힘든 것입니다. 그렇다면 왜 힘이 들까요? 약을 먹이려는 행위를 질문자 님 혼자서 무리하게 하고 계신 까닭입니다. 즉, 여기에는 약을 받아먹는 아이의 협조가 없다는 얘기입니다.

아이가, 즉 약을 받아먹는 쪽의 협조가 없다는 것은 약을 받아먹는 쪽에서는 자신이 받아먹을 정도의 가치를 못 느낀다는 것입니다. 즉, 질문자 님이 먹이고 싶어하는 그 약은 질문자 님에게는 좋은 약이지만, 약을 받아먹는 입장에서는 좋은 약이 아닌 것입니다. 그리고 무엇보다도 이것이 좋은 약이라며 사람들이 모두 이 약을 받아먹기를 원하는 사람은 바로 질문

우리 자신이 원하는 소망을 이루는 데 있어
사람들이 당연하게 협조해 주지 않는다고
화를 내는 일이 어떻게 느껴지시나요?
애초에 성립될 수 없는 일입니다.

자 님 자신이십니다.

즉, 사람들이 질문자 님이 생각하는 좋은 약을 먹기를 바라는 것은, 사람들의 소망이 아니라 질문자 님의 소망입니다. 사람들에게는 질문자 님의 소망을 이뤄주기 위해 그 좋은 약을 받아먹어야 할 당위적인 의무가 전혀 없습니다.

우리 자신이 원하는 소망을 이루는 데 있어 사람들이 당연하게 협조해 주지 않는다고 화를 내는 일이 어떻게 느껴지시나요? 애초에 성립될 수 없는 일입니다. 그것은 마치 우리 자신의 힘만으로 사람들을 다 뜻대로 다룰 수 있다고 믿는 것과 같습니다. 질문자 님께서 자신의 힘으로 마음을 다스리듯이, 같은 방식으로 사람들을 다스릴 수는 없습니다. 애초 마음 또한 다스릴 수 있는 것이 아닐 것입니다.

10대 때부터 마음을 다스리는 수행을 해오셨다는 말씀에서, 참 모진 시간을 느낍니다. 의지할 사람 없이, 마음 둘 곳 없이 홀로 오랫동안 고생해오신 시간이었을 것 같습니다. 다시 한 번 기억해 보셨으면 좋겠습니다. 질문자 님이 홀로 자신을 도울 수행을 시작하셨던 이유는, 질문자 님을 도울 이가 아무도 없었던 까닭입니다. 바로 그렇게 힘드셨던 까닭입니다.

그렇게 아무도 자신을 돕지 않는 현실의 힘겨움과 아픔을 누구보다 잘 아시기에, 질문자 님은 힘들어하고 아파하는 사람들이 스스로를 도울 수 있도록 좋은 약이라는 이름으로 사람들에게 스스로 돕는 법을 간절히 전하려고 하시는 것입니다.

이 세상에 자기 자신을 도울 수 있는 것이 없으니 스스로를 돕도록 노력해야 한다는 말씀을 하시면서, 정작 질문자 님 본인께서는 타인을 돕기 위해 그렇게 최선을 다하고 계신 역설적인 모습이 참 눈물겨운 정성스러움으로 느껴집니다.

그러니 이제 눈치채시면 좋겠습니다. 질문자 님이 간절히 바라고 계셨던 바로 그 소망은, "누가 나를 좀 도와줘."라는 목소리에 담겨 있다는 사실을요. 그리고 그 목소리는 바로 질문자 님을 통해 울려퍼질 필요가 있다는 사실을요. "누가 나를 좀 도와줘."라는 그 마음을 다스리지 마시고, 부디 자유롭게 울려 보세요.

그 마음의 목소리를 울리게 하는 일은, 곧 질문자 님의 삶에서 차마 존재하리라고 믿을 수 없었던 타인과의 신뢰를 회복하는 첫 번째 고백이 될 것입니다. 또한 이 타인과의 신뢰가 회복되어야 질문자 님이 좋은 약을 먹이고 싶어하는 간절한 소망 또한 이뤄질 수 있습니다. 아이가 도와줘야 엄마는 약을 먹일 수 있는 까닭입니다.

타인이 뜻대로 되지 않는다고 화를 내시기보다, 타인에게 도와 달라고 부탁해 보세요. 마음이 뜻대로 되지 않는다고 화를 내시기보다, 마음에게 도와 달라고 부탁해 보세요. 그 모두가 질문자 님의 편이 될 것입니다. 그동안 이 세상에서 질문자 님의 편 하나 없이 외롭게 살아오신 시간을 끝내고, 질문자 님이 사람들에게 다하시는 정성만큼이나 사람들과 친해지고 싶은 질문자 님의 소망을 기꺼이 이루시기를 가슴 깊이 기원합니다.

내 마음,
어디까지 알고 있니?

사랑

애인이 있는
사람과
만나고 있어요

"

　　　　30대 여성입니다. 연애 문제로 어떻게 해야 할지를
모르겠어요. 지금 만나는 사람이 있는데 그 사람은 오래된 애
인이 있습니다. 제가 그 사람이 너무 좋아서 애인이 있어도 상
관없으니 만나자고 먼저 제안을 했습니다. 제 마음을 잘 이해
해 주고 그렇게 자상한 사람은 처음이었거든요.

　　사실 그 전까지 만났던 사람들에게 제가 너무 고생을 했었
어요. 저는 누구를 사귀면 정말 최선을 다해 다 챙겨주고, 부
족할까봐 더 주고 그러는데, 다들 그러한 것들을 점점 당연하

게 여기게 되면서 제가 홀대받는 느낌이 들곤 했어요. 그렇게 제가 소중히 대해지지 않는 것 같을 때마다 제가 떠나는 형태로 연애들이 끝났습니다. 그런데 그 사람은 너무 자상해서 그렇게 절 소중히 여기지 않았던 남자들과는 근본적으로 다른 것 같았어요. 다만 요즘 힘든 것은, 분명히 그 사람이 애인이 있다는 사실을 알고도 만나자고 한 건데도 자꾸만 제 마음이 아픕니다. 그 사람이 저한테 따뜻하게 대해 주는 만큼 더욱더 저만의 것으로 하고 싶고, 제가 필요할 때 그 사람과 연락할 수 없는 상황이 너무 속상해요. 그래서 그런 얘기를 넌지시 해 보면, 그 사람은 따뜻하고 자상한 말로 이렇게 어려운 상황에서 조심스럽게 만나게 되는 만큼 우리의 관계가 더욱 소중하고 애틋해지는 것 같다고 얘기하곤 합니다.

그래서일까요? 그 사람을 제 것으로 못하는 만큼 마음은 더욱 깊어지고, 그 사람을 자기 옆에 두고 있는 애인이 밉고 그렇습니다. 그런데 다 이게 제가 만든 상황이라 누구를 원망할 수도 없고, 그냥 힘들기만 합니다. 저는 뭘 하고 있는 것일까요. 다 모르겠습니다.

"

내 마음,
어디까지 알고 있니?

애인의 유무와 관계없이
원래 그 정도밖에 당신에게
줄 수 없는 분이셨던 것입니다.

::   안녕하세요. 기존에 만났던 남자들과의 관계에서는 질문자 님이 소중히 대해지지 않는 것 같은 경험을 많이 하셨고, 지금 만나는 남자 분은 본인을 소중히 대하시는 것 같아 너무나 좋은데, 그 남자 분이 애인이 있는 사람이라 남자 분으로부터 받는 것들을 온전히 자신의 것으로 할 수 없어 힘드시다는 얘기군요.

우선적으로 질문자 님이 연애를 통해 정말로 얻고 싶어하시는 것은 무엇일까요? 질문자 님이 말씀하셨듯이, 그것은 소중히 대해지는 경험인 것 같습니다. 내가 정말로 소중한 사람이라는 사실을 남자들의 시선을 통해 확인받고 싶어하는 소망이 여기에 있습니다. 그리고 그 소망을 이루기 위해 질문자 님은 남자들에게 모든 최선을 다하셨고요. 그럼에도 불구하고 질문자 님의 소망은 번번이 좌절될 수밖에 없으셨고, 질문자 님은 그때마다 참 슬프고 속상하셨을 것 같습니다. 대체 무슨 노력을 더 해야만 소중하게 대해질 수 있는 것인지 답답하게 여기면서요.

질문자 님이 지금 만나는 남자 분을 다른 남자들과 가장 긍정적으로 다르게 변별하고 계시는 자상함이란 것은 사실 질문자 님이 소중하게 대해지는 소망과는 별개의 문제일 것입니다.

다만 질문자 님이 현재 필요하신 것이 바로 그 자상함이었을 것 같습니다.

왜냐하면 아프셨으니까요. 거듭되는 좌절의 상처에 따뜻한 이해가 필요하셨으니까요. 그 상처에 자상하게 내려앉는 손길이 필요하셨으니까요. 질문자 님이 현재 원하시는 만큼 못 얻으시는 것은 남자 분에게 애인이 있기 때문이 아닙니다. 오히려 역설적으로, 애초 애인이 있기 때문에 자신은 원하는 만큼 못 얻는 게 현실적으로 당연하다고 스스로 방패를 쳐두신 것입니다. 더는 상처받고 싶지 않아서요. 그만큼 질문자 님은 많이 아프셨던 것입니다.

동시에 지금 만나는 남자 분 또한 애인의 유무와 관계없이 원래 그 정도밖에 질문자 님에게 줄 수 없는 분이셨던 것입니다. 이것 또한 앞서 얘기한 것처럼 남자 분이 가진 자상함과는 별개의 부분입니다. 질문자 님이 정말로 늘 원하고 계셨던 건 자상함이 아니라 소중히 대해지는 경험이었잖아요. 그리고 질문자 님은, 이미 질문자 님도 아시는 것처럼, 연락도 할 수 없고, 비밀스럽게 만나야 하는 등, 현재 소중히 대해지고 있지 않으시고요.

아팠던 상처에 자상함이라는 연고가 필요했고, 그렇게 서로를 잘 주고받으셨습니다. 그리고 질문자 님의 소망은 계속 좌절된 채로 남아 있고요. 그 현실은 참 안쓰럽게 느껴지잖습니까. 자상하고 따뜻한 남자를 만난다 하더라도 결국 이처럼 소망을 이룰 수 없는 현실이 정말로 안쓰럽다는 사실을 한번 눈치채 보십시오. 그러면 그 안쓰러움을 향해 스스로 무언가를 주려고 움직이게 되실 거예요. 그게 질문자 님이 소중하게 대해지는 현실을 열어가는 첫 발걸음입니다.

내 마음,
어디까지 알고 있니?

남자 친구가
애정 표현을
거부해요

"
　사귄 지 2년 된 남자 친구가 있는데요. 처음에는 정말 마음도 잘 맞고 좋았는데 요즘 들어 많이 시들해진 느낌이 들어요. 뭔지 모를 거리감도 느껴지고, 이 친구가 절 피하려는 것 같기도 하고요. 이게 권태기인가 하는 생각도 듭니다. 근데 저는 이 친구랑 헤어지거나 하고 싶은 마음은 없거든요. 제가 정말 이 친구를 좋아하고 계속 함께하고 싶어요. 어떻게든 이 상황을 잘 극복해 더 사랑하는 관계가 되었으면 좋겠습니다. 그래서 제가 먼저 더 연락도 자주 하고, 같이 있을 때는 사

남자 친구 분은 멀어지려고
    질문자 님을 피하는 것이 아니라,
멀어지기 싫어서 피하는 것입니다.
    두 분이 공유하고 있는 마음의 현실은 같습니다.

내 마음,
어디까지 알고 있니?

랑한다는 말도 더 많이 하고, 스킨쉽도 자주 하려고 하는 등 노력을 더 하게 되는데요. 근데 그렇게 제가 더 제 마음을 표현할 때마다 남자 친구는 저를 피하려고 하는 인상을 받아요. 귀찮아하는 것도 같고요. 그래서 너무 속상합니다.

남자 친구도 저랑 같이 좀 더 노력해서 저희 관계를 좋게 회복시켰으면 좋겠는데 왜 오히려 그런 마음을 몰라주고 피하려고만 하는지 섭섭합니다. 이대로 계속 가면 정말로 끝일 것 같아서 무서워요. 그래서 저는 더 잘해 주고 싶은데 어떻게 하면 제 마음이 전달될 수 있을까요?

"

:: 안녕하세요. 현재 질문자 님께서 많이 좋아하시는 남자 친구 분과의 관계가 멀어진 것 같아 두려워 하시는군요. 그래서 두 분의 관계를 좋게 회복하고자 질문자 님께서는 많은 노력을 하시는데, 그 노력이 잘 통하지 않는 것 같아 답답하고 속상하게 느끼시는군요.

특히 질문자 님이 속상하고 섭섭하게 느끼시는 부분은, 질문자 님은 남자 친구 분에게 더 다가가고자 사랑하는 마음을 표현하시는데, 오히려 질문자 님이 생각했던 것과는 반대로 남자 친구 분과는 더 멀어지는 결과가 되는 것 같이 느끼시는 부분인 것 같습니다.

한번 이러한 얘기를 전해 보고 싶습니다. 만약 우리가 누군가에게 어떠한 마음을 전하고자 할 때, 실제로 전해지는 것은 그 마음의 표현이 아니라 마음의 의도라고 한다면 이러한 얘기는 어떻게 들리시나요?

질문자 님이 근래 남자 친구 분에게 많은 애정 표현을 하게 되신 핵심적인 이유는 남자 친구 분의 멀어짐을 경험하고 계셨기 때문이었던 것 같습니다. 즉, 멀어진다는 경험이 주는 두려움에 쫓겼던 까닭에, 애정 표현을 함으로써 그 두려움을 없애려 했다는 것이죠. 이 얘기는, 질문자 님이 애정 표현이라는 형태로 전할 의도를 가졌던 마음은 바로 멀어짐이었다는 것입니다. 그래서 남자 친구 분이 실제로 전달받게 된 것은 애정 표현을 통한 친밀감이 아니라, 오히려 멀어짐이었던 것이죠.

따라서 남자 친구 분은 질문자 님의 애정 표현을 계속 피하고 거부하셨던 것입니다. 여기에서 남자 친구 분이 실제로 거부한 것 또한 질문자 님의 표현이 아니라 바로 의도입니다. 즉, 남자 친구 분은 멀어짐을 거부하고 있었던 것입니다. 왜냐하면, 남자 친구 분 또한 질문자 님과 멀어지고 싶지 않으셨기 때문입니다. 남자 친구 분은 질문자 님의 애정 표현을 거부한 것이 아니라, 질문자 님과의 멀어짐을 거부한 것입니다.

아주 단순하게, 남자 친구 분 또한 질문자 님만큼이나 질문자 님과 멀어지는 현실이 싫은 것입니다. 어쩌면, 멀어짐을 조금이라도 의식하고 있었기에 그 멀어짐에 대해 무언가를 더 해보고자 했던 질문자 님보다 더 취약하게, 남자 친구 분은 아예 멀어짐 자체를 조금이라도 의식하는 일이 더 두려우셨는지도 모릅니다. 그런데 계속 질문자 님으로부터 멀어짐에 대한 두려움의 의도를 계속 전달 받으니, 남자 친구 분은 피하지 않고는 견딜 수 없는 현실이 되는 것이죠.

다시 확인해 보세요. 남자 친구 분은 멀어지려고 질문자 님을 피하는 것이 아니라, 멀어지기 싫어서 피하는 것입니다. 두 분이 공유하고 있는 마음의 현실은 같습니다. 그리고 두 분 중 그 누구도 멀어지기를 원하지 않으십니다. 그러니, 멀어지는 두려움을 상쇄하기 위해 만들어내는 애정 표현이라는 간접적인 형태보다는, 질문자 님이 현재 멀어짐을 경험하고 있었고, 남자 친구 분과 멀어지는 게 너무나 두려웠으며, 남자 친구 분과 결코 멀어지고 싶지 않다는 의도를 정직하게 고백해 보세요.

아주 단순하게, 멀어짐이 있어야 우리는 정말로 친밀해질

수 있습니다. 서로 간에 멀어짐이 먼저 정확하게 확인되어야,
그 멀어짐의 거리를 가깝게 만들 움직임을 꽃피워낼 수 있는
까닭입니다. 그 움직임이 자아내는 향기를 우리는 친밀감이라
고 부릅니다.

내 마음,
어디까지 알고 있니?

내
남편은
공감장애자

> **❝**　왜 남자들은 자기만 알고 자기 아내에게 관심을 안 갖죠? 힘든 일이 있어서 얘기를 하면 짜증만 내고, 정답을 주는 선생님처럼 가르치려고만 하고, 힘든 마음에 공감해 주지를 않는 것 같아요. 제가 무슨 얘기를 하든 간에 그냥 아무 말 없이 다 들어주기만 하면 제 기분도 자연스럽게 풀릴 텐데, 그러지를 않으니 점점 서로 짜증만 내게 되고 너무 피곤합니다. 이럴 거면 왜 굳이 결혼생활을 하는 걸까요. **❞**

::   맞습니다. 소통되지 않는다는 건 참 답답한 일이죠. '그냥 아무 말 없이 아내 말을 다 들어주기만 하면' 잘 풀릴 수 있는 '소통의 정답'이 있는데, 남편들은 그런 정답을 왜 모르는 걸까요? 혹은 알더라도 왜 실천하지 못하는 걸까요? 이 문제를 탐구하기 위해 우리가 먼저 챙겨야 할 물음이 있습니다. 그건 바로 "목마른 자는 누구인가?"라는 물음입니다. 지금 목이 말라 간절히 물이 필요한 사람은 남편인가요, 나인가요? 이 물음을 통해 목마른 사람이 누구인지가 사실적으로 드러나면, 이제 물을 적극적으로 구해야 하는 것은 목마른 사람의 몫이 됩니다.

그건 바로, 우리가 지도를 들고 "지도에 따르면 표시된 이 자리에 우물이 있어야 하는데, 왜 여기에 우물이 없냐고?"라며 이제 더는 당연하게 성낼 수 없어진다는 것이죠. 그건 다른 누군가를 위한(이를테면, 화성인과 금성인을 위한) 우물이 표시된 지도지, 지금 우리 부부를 위한 우물이 표시된 지도는 아니기 때문입니다.

남편이 '그냥 아무 말 없이 아내 말을 다 들어주기만 하면'이라는 '나만의 정답'을 실천해야 할 의무는 없습니다. 목마른 사람은 나입니다. 이것은 나의 욕구입니다. 채워야 할 사람 또

그가 짜증을 내고,

　정답을 가르치려는 모습 자체가

　　　이미 우리의 문제에 공감하고 있는

　그의 고유한 방식입니다.

한 나입니다. 혹시라도 그가 대신 채워 줄 수 있다면, 그건 정말로 우주에서 가장 감사한 일이 될 뿐입니다. 그렇기 때문에 이러한 문제는 남편의 공감능력과도 아무 상관이 없는 문제입니다. 왜냐하면 남편 또한 이미 관계 내에서의 소통을 위해 최선을 다하고 있었거든요.

힘든 일이 있을 때 우리는 짜증이 나잖아요. 그렇게 우리에게 짜증이 있을 때, 남편 또한 그 얘기를 듣고 짜증을 냈습니다. 그는 실제로 우리와 함께 짜증을 만나줌으로써, 우리가 혼자 들고 있기 힘들어하던 그 짜증의 문제를 분담해 주고 있었던 것입니다. 한편, 문제가 파악되지도 않았는데 정답을 얘기하는 선생님 또한 없습니다. 적어도 정답을 가르치려고 했던 우리의 남편은 우리의 문제에 대해 우리만큼은 이미 '잘 듣고' 이해하고 있었다는 것입니다.

이처럼 그가 짜증을 내고, 정답을 가르치려는 모습 자체가 이미 우리의 문제에 공감하고 있는 그의 고유한 방식입니다. 우리가 그렇게 듣고 싶었던 "당신 참 힘들었겠다."라는 형식의 말이 그의 고유한 개성을 통해 표현된 방식입니다. 즉, 그는 이미 물을 필요로 하는 우리에게 어떻게든 물을 주려고 최선을 다하고 있었습니다. 여기에 대해, 우리는 물이 담긴 컵의 모습이 마음에 안 든다면서, 내 마음에 드는 컵에 물을 담아 오라고 요구하고 있는 것인지도 모릅니다. 그래서 다시 한 번 물어야 합니다. 목마른 자는 대체 누구인가요? 우리가 목마른 자임을 망각할 때, 그의 최선도, 그리고 감사함의 감각도 함께 망각됩니다.

이를테면, 우리의 남편은 자신의 한계로 인해 영어밖에 쓰지 못하는 사람입니다. 그리고 우리는 목이 마르며, 그에게서 물을 얻어 마시고 싶습니다. 그렇다면 그에게서 물을 얻어 마실 수 있는 가장 좋은 방법은, 우리가 영어를 배우고 이해하는 것뿐입니다. 그는 단지 한국어를 못할 뿐, 물을 줄 준비는 이미 되어 있는 사람입니다. 그렇다면 우리의 언어가 정답이라는 생각을 내려 놓고, 그의 언어로 한 번 요청해 보는 건 어떨까요. 그의 언어로 요청한다는 자체가 이미 소통의 핵심이라는 사실은 분명 즐거운 역설입니다.

명절이
너무너무
두려워요

"

       명절증후군이라고 하잖아요. 저도 정말 명절이 두려워요. 상차림을 혼자 다 해야 해서 일단 몸이 너무 피곤하고요. 게다가 시댁 식구들은 왜 남의 일인 양 도와주지도 않고 저에게만 모든 일을 다 떠넘기는지 모르겠어요. 물론 그게 장남과 결혼한 맏며느리의 도리라는 건 저도 알겠어요. 그렇지만 말이라도 한마디 좀 따뜻하게 해주면 안되나요? 특히 시어머님은 얼마나 매서우신지 제가 하는 것마다 다 불만이시고, 잘했다 칭찬 한번 없으시니 눈 마주치기도 무섭고 늘 눈치만 보게 됩니다. 시댁에 들어설라치면 가슴이 콱 막히는 게 정말 어디 호랑이굴에 들어가는 기분이에요.

”

:: 감사합니다. 우리 어머님들이, 우리 자매님들이, 우리 아내님들이, 호랑이굴 속에서 정신 바짝 차리시고 초인 같은 힘으로 홀로 일구어 오신 그 시간들이 이 민족의 명절을 만들었군요. 부엌의 조리대 앞에 서 계신 그 작은 뒷모습에 한 나라의 백성들이 모두 응석부리며 업혀 있네요. 진정으로 대단하십니다.

이처럼 진정으로 본인께서 얼마나 대단한 분인지 확인해 보세요. 본인이 안 계셨더라면, 명절에야 겨우 나눌 수 있는 이 가족의 모임이라는 귀한 시간이, 애초 성립조차 불가능한 시간이 될 것입니다. 물 한방울 안 묻히는 남편이, TV 앞에서 연예대상이나 보고 있는 올케가, 컴퓨터 게임에만 빠져 있는 시동생이, 점잖빼고 앉아 계시기만 하는 시어머니가 대체 뭘 할 수 있겠어요. 방해나 안 하면 다행이죠.

이것이 의무라는 사실에 스스로 동의하실 필요는 없습니다. 이것은 의무가 아니라 기회입니다. 그 사실에만 동의하세

모든 명절은 우리 모두가

　'엄마'에게 덥석 업혀 '엄마'를 전적으로 의지하며,

　그 존재의 감사함을 기억하게 되는 날입니다.

내 마음,
어디까지 알고 있니?

요. 본인이 한 가족의 존폐를 결정짓는, 유일하게 가장 중요한 분이라는 사실을 확인할 수 있는 가장 좋은 기회입니다.

본인이 명절에 모든 일을 다 떠맡게 되는 것은 본인이 제일 아래에 위치한 하녀이고, 다른 가족들이 상전이기 때문이 아닙니다. 그 순간에는, 다들 자기 손으로 밥 하나 못해 먹는 철부지 아이가 되어 '엄마'를 의지하고 있는 것입니다. 세상에서 제일 위대한 '엄마' 말이죠. 특히 가부장적 유교문화권에 속한 우리나라에서는 명절 때 특히 '엄마'의 존재를 드러내려는 마음의 움직임들이 자연스럽게 만들어져 왔습니다.

한번 떠올려 보세요. '엄마'의 손을 타지 않고 치러질 수 있는 명절은 전혀 없었습니다. 평상시에는 우리가 너무나 자연스럽게 잊고 살던 '엄마'의 존재가, 명절이라는 특별한 날을 맞아 얼마나 그 존재감이 두드러지게 되는지요. 이처럼 모든 명절은 우리 모두가 '엄마'에게 덥석 업혀 '엄마'를 전적으로 의지하며, 그 존재의 감사함을 기억하게 되는 날입니다.

본인께서 명절을 치르는 일이 너무나 힘드실 때, 지금 그 자리에 '엄마'가 계시다는 사실을 발견해 보세요. 그러면 그 '엄마'의 위대함에 스스로 감동받게 되실 거예요. "아, 이 모든 일을 홀로 해내며, 모든 아이들에게 맛난 음식을 먹이고, 아이들을 행복하게 해주기 위해 구슬땀을 흘리고 계신 우리의 '엄마'가 여기에 있구나. 그녀는 너무나 위대한 존재구나."

네. 본인이 바로 그렇게 위대한 존재이십니다. 그리고 그 사실을 발견하게 된 시선으로 시어머니를 한번 봐 보세요.

거기에도 바로 '엄마'였던 분이 계십니다. 그러나 본인이 '엄마'였다는 감동의 사실을 모르고, 그저 며느리라는 역할의 의무에만 강퍅한 시선을 보내고 계신 분이 거기에 앉아 계십니다. 그래서 사실 시어머니는 질문자 님을 가혹하게 대하고 계신 게 아니에요. 그저 '엄마'라는 감동과 감사함을 누리지 못해 의무적으로만 살아오신 자기 자신에게 가혹하신 것이에요.

때문에 우리가 할 수 있는 일은, 이 '엄마'가 얼마나 감사한 존재인지에 대해 우리가 지금 알게 된 사실을, 시어머니 또한 아실 수 있게끔 전해 보는 것뿐입니다. '엄마'였던 시어머니가 얼마나 위대한 존재였는지, 얼마나 감사한 존재였는지에 대한 감동을 나누는 일이 필요할 뿐입니다. 질문자 님이 과거의 '엄마'였던 시어머니에게 감동받을 때, 시어머니도 지금의 '엄마'인 질문자 님에게 감동받게 됩니다. 우리는 자신에게 감동받는 사람에게 감동받는 법이거든요.

이는 시어머니의 마음을 알아주는 일이기도 합니다. 그렇게

내 마음,
어디까지 알고 있니?

질문자 님은 그동안 아무도 알아주지 않았던 시어머니의 마음을 처음으로 알아준, 시어머니의 유일한 편이 되는 것입니다. 그러면 또한 시어머니도 왜 질문자 님 혼자만 고생하게 두느냐며, 우주에서 가장 든든한 '엄마'의 편이, 즉 질문자 님의 편이 되어 주실 것이에요. 자신을 진정으로 알아주는 자를 위해서라면, 그의 편에서 무엇이든 할 수 있는 것이 바로 우리 인간입니다.

바로 이것이 감동의 나눔으로 펼쳐지는 현실, 즉 공감의 현실입니다. 본인의 '엄마'에게, 그리고 시어머니의 '엄마'에게 공감해 보세요.

동성을
좋아하는
내가
이상하죠?

"

　　대학교 3학년인 여자입니다. 특별히 잘난 것도 못
난 것도 없이 평범하게 자라왔다고 생각합니다. 어렸을 때 트
라우마 같은 것도 없고 부모님과의 관계도 좋습니다. 아무리
생각해도 딱히 이유가 없는데, 제가 왜 이렇게 되었는지 모르
겠습니다. 사실은, 친하게 지내는 동기가 있는데, 제가 그 친구
에 대해 연애감정을 느끼게 되었습니다.

　　동성에게 이런 감정을 느껴본 건 처음이라 너무 당황스럽습
니다. 남자 친구도 남들 사귀는 만큼 사귀어 봤고, 한 번도 동

성을 좋아해 본 적이 없었는데, 어떻게 해야 할지 너무 고민됩니다. 가뜩이나 그 친구는 사귀는 남자도 있어서, 제가 좋아한다고 얘기하면 오히려 저를 이상한 애로 볼 것 같고요. 그렇다고 이 감정을 혼자 가슴 속에만 담아 두기엔 너무 답답하고 힘들고요. 왜 평범하게 잘 살다가 이런 일이 저에게 일어났는지 속상합니다. 제가 뭔가 엉망이 된 것 같아요.

""

::   안녕하세요. 어려운 얘기 용기 있게 들려주셔서 감사합니다. 동성을 좋아하게 된, 기존에는 상상치도 못했던 자신의 모습을 받아들이기 힘들어 하고 계시는군요. 기존의 자신의 모습과 다른 모습이 드러났다고 해서 그것이 잘못은 아닙니다. 그건 잘못된 것이 아니라 그저 낯선 것이죠. 이러한 류의 주제를 잘못의 문제로 갖고 간다면, 아마도 우리 모두는 다 어떠한 식으로든 죄인이 될 수밖에 없을 것입니다. 이를테면, 누군가가 농구를 좋아해 왔다가, 갑자기 어느 날 축구를 좋아하게 된다고 해서 그가 죄인은 아니잖아요. 그는 다만, 기존에는 관심이 없었던 낯선 것에 관심이 생긴 또 하나의 탐구자일 뿐입니다.

질문자 님 본인이 바로 이 탐구자라는 이해는 중요합니다. 탐구자는 무언가를 만나기 위해 여행을 떠납니다. 그리고 도착한 곳에서 탐구자가 진정 만나게 되는 것은, 도착한 곳의 좌표 위에 놓여 있던 자기 자신의 모습입니다. 즉, 모든 탐구자는 스스로를 만나기 위해 여행을 떠나게 되는 것입니다.

때문에 이것은 대상의 문제가 아닙니다. 남자를 좋아하든 여자를 좋아하든 간에 그러한 대상과는 관계없는 문제입니다. 남자를 통해서든 여자를 통해서든, 탐구자는 어떻게든 그 스스로의 모습을 발견하게 됩니다.

콜럼버스가 여행을 떠났을 때, 그가 정말로 발견한 것은 신대륙이라는 대상이 아니라 '지구가 둥글다'는 사실이었습니다. 이는 동시에 기존의 선입견을 깨고, 새로운 것을 만날 수 있다는 콜럼버스 스스로의 자유로운 정신의 발견이기도 하였습니다. 이 발견의 의미는 우리에게도 분명하게 '콜럼버스의 달걀'이라는 은유로 잘 알려지고 있죠.

어떤 대상을 좋아하는 것은 결코 잘못이 아닙니다. 인간이라는 탐구자가 관심을 가지면 안 되는 대상은 이 삼라만상 중의 아무 것도 없습니다. 인간이 모든 것에 관심을 가질 수 있다는 것은 그만큼 인간이 품고 있는 거대한 사랑의 크기를 의

어떤 대상을 좋아하는 것은
　결코 잘못이 아닙니다.
　　인간이라는 탐구자가 관심을 가지면
　안 되는 대상은 이 삼라만상 중의
아무 것도 없습니다.

미합니다. 즉, 이는 기존에는 전혀 상상도 할 수 없었던 대상에게까지 질문자 님이 갖고 계신 사랑이 확장되었다는 의미에 다름 아닙니다. 그리고 질문자 님은 그 사랑을 통해 다시 한 번 스스로를 새롭게 발견하실 수 있는 것입니다.

이처럼, 이러한 탐구를 통해 우리가 정말로 알게 되는 것은, 그렇게 풍요로운 사랑을 갖고 계신 질문자 님 스스로의 모습입니다. 좋아하는 대상을 통해 알려진 어떤 인간의 모습에 대해 아낌없는 관심과 애정을 주고 계신 질문자 님 스스로의 아름다운 모습이 바로 그렇게 발견될 수 있습니다.

질문자 님이 좋아하는 그 대상에게도 아무 문제가 없고, 질문자 님 스스로에게도 아무 문제가 없습니다. 그렇게 그 둘이 아무 문제가 없이 온전하다는 사실을 발견하는 것, 그것이 질문자 님의 탐구가 정말로 의미하는 것입니다.

돌보던
아기 고양이가
죽었어요

"

　　20대 여자 대학생입니다. 사실은 제가 2주 전에 집에 오다가 고양이를 주웠어요. 근처 쓰레기장에서 누가 종이상자 안에 고양이를 넣어 버렸더라구요. 완전 눈도 못 뜬 아가였어요. 그래서 어떻게 해야 하나 망설이다 오늘만 살려보자 해서 집으로 데려왔습니다. 마침 다음날이 토요일이라 동물병원에 데리고 갔더니 태어난 지 며칠 안 되어서 고양이 분유를 먹여야 한다고 하더라구요. 그래서 그날부터 매일 2~3시간 간격으로 새벽에도 일어나 분유 먹이고 손으로 배변 유도도 하며 돌봤습니다. 밥 먹은 후엔 고롱고롱 하며 편히 잠들 때까지 잘 쓰다듬어 주었구요. 하루만 살려보자 시작한 일인데 아기가 젖도 잘 먹고 제 손도 잘 타길래 계속 키워야겠다 마음도 먹었죠. 새벽마다 일어나 돌보는 일이 피곤하기는 했지만 그래도 아기고양이가 너무 사랑스러워 보람 있었어요.

한 일주일이 지나 아기가 눈을 초롱하니 떴을 때는 정말 얼마나 기뻤는지 몰라요. 아가야 안녕, 내가 니 엄마야, 말도 걸어보고요. 그런데 며칠 전이에요. 갑자기 아기고양이가 이상한 소리를 내더니 어찌할 새도 없이 숨을 거뒀어요. 무슨 일이 일어났는지 대처할 겨를도 없이 그냥 순식간에 가버렸어요. 너무 속상하고 가슴 아파요. 제가 뭘 잘못했나 후회도 되고 아가한테 너무 미안합니다. 차라리 제가 데려오지 말 걸 그랬을까요. 요즘 학교도 못 가겠고 그냥 방에서 울고만 있어요. 이럴 거면 왜 만나게 되었는지 아가도 불쌍하고 저도 너무 힘듭니다.

"

::   '엄마 안녕, 엄마의 아가에요. 태어났을 때부터 약하게 태어나, 낳아준 엄마고양이한테도 버림받아 버려진 저였

손바닥을 한번 봐 보세요.

　삶의 온기를, 그 따스한 체온을 아기고양이에게
알려주신 상냥한 손길이 바로 거기에 있습니다.

어요. 그렇게 죽을 때만 기다리며, 깜깜하고 답답한 곳에서 혼자 무서워 울고 있을 때 환한 빛과 함께 처음 저에게 다가오던 부드러운 숨소리를 기억해요. 그 숨소리와 함께 저를 어루만져주던 손길은 조심스러운 떨림만큼이나 저를 소중히 여겨주고 있다는 걸 알 수 있었고, 그래서 더욱 따듯했어요. 제가 맨날 배가 고파서 울 때, 쉬야가 마려워 울 때도, 그 손길은 제가 원하던 것들을 부족함 없이 가득 채워주었죠.

언제나 저를 지켜주는 그 따듯한 손바닥 위에서 저에게 말을 걸어주는 상냥한 목소리에 안겨 잠들 때 전 너무 편안하고 행복했어요. 그리고 제가 처음으로 세상을 보게 된 날, 아직은 흐릿했지만 전 바로 알 수 있었죠. 그 부드러운 숨소리의, 그 따듯한 손길의, 그 상냥한 목소리의 주인이 바로 제 눈앞에 있는 엄마란 걸요.

이 세상에 태어나 오직 숨 막히는 어둠과 차가운 외로움만 알고 떠나가게 되었을 저에게, 엄마가 유일하게 손을 내밀어 저를 꼭 안아주신 분이에요. 이 세상이 이렇게 따듯하고 상냥하다는 걸 엄마는 유일하게 저에게 알려주신 분이에요. 다음에 다시 태어날 수 있다면 전 또 이 세상으로 돌아올 거예요. 엄마 덕분에 이 세상이 이렇게 따듯하고 좋은 곳이란 걸 알게 되었으니까요. 그때 꼭 다시 만나요, 엄마. 저를 많이 사랑해 주셔서 고마워요. 저에게 사랑을 알려 주셔서 고마워요. 엄마의 손길이 처음 제 몸에 내려앉던 그 순간 제가 느낀 그 상냥한 온기는 영원히 잊지 못할 거예요. 사랑해요, 엄마.'

　이번에는 이렇게 편지 하나를 먼저 전하고 짧은 말씀을 드려봅니다. 질문자 님의 손바닥을 한번 봐 보세요. 그리고 그 손바닥을 가슴에 한번 대 보세요. 질문자 님의 가슴에 퍼지는 그 따스함이 바로 질문자 님께서 아기고양이에게 전해 주신 귀한 선물입니다. 삶의 온기를, 그 따스한 체온을 아기고양이에게 알려주신 상냥한 손길이 바로 거기에 있습니다. 작은 생명의 몸짓과 그 손길이 함께 닿아 꽃피워낸 만남의 온기만이 질문자 님의 모든 가슴을 채우던 순간을 우리는 영원이라 부를 것입니다.

　가슴이 많이 아프실 거예요. 아가를 많이 사랑하셨기에 아가와의 만남을 영원 속에 새기려고 하시는 까닭입니다. 그건 새김의 아픔입니다. "너를 영원히 사랑한단다."라는 고백을 음각으로 깊게 새기는.

　아가는 이제 질문자 님의 가슴 속에서 영원히 살아갈 겁니다. 그렇게 영원한 약속의 품 안에 아가를 따듯하게 안겨주셨으니, 아무 걱정 말고 질문자 님도 아가에게 알려주신 이 따듯하고 좋은 삶을 행복하게 살아가세요. 아기고양이의 삶의 마지막까지 진심으로 함께 있어 주셔서 감사합니다.

이 세상
모든
엄마들에게
띄우는 편지

"

　　엄마, 엄마에게 대체 무슨 잘못이 있나요? 엄마는 어린 나를 남겨두고 떠났잖아요. 엄마의 모든 걸 미워했던 할머니와 단 한 번도 엄마의 편이 되어준 적 없었던 아빠에게 어린 나를 남겨두고 떠났잖아요. 미쳐버릴 것 같아서, 숨이 막혀 죽을 것 같아서, 그대로 있으면 마녀가 될 것 같아서, 엄마는 나를 떠났죠. 엄마는 마녀에게 내가 다치지 않게 나를 살리고 싶었으니까요. 엄마는 엄마가 죽지 않게 스스로를 살리고 싶었으니까요.

사랑

엄마, 엄마에게 아무 잘못이 없어요.
　　　　엄마가 더 강하게 서야 하고,
　　　엄마가 더 중심을 잡아야 하며,
엄마가 더 힘내야 한다는 거짓말들에 속지 마세요.

내 마음,
어디까지 알고 있니?

그렇게 엄마는 알고 있었으니까요. 살아 있기만 한다면 우리는 반드시 또 만날 수 있다는 걸요. 엄마는 나를 또 만나기 위해 그렇게 필사적으로 살고 싶어했어요.

엄마, 엄마에게 대체 무슨 잘못이 있나요? 엄마는 오직 돈으로만 나를 키웠잖아요. 함께 영화를 보고, 산책을 하며, 남들 다 갖는 일상적인 행복도 엄마와 나는 나눌 수 없었죠. 내가 엄마로부터 받은 건 오직 돈뿐이었어요.

엄마는 아빠가 없는 집을 홀로 책임져야 했으니까요. 배운 것도, 가진 것도 없던 엄마는 남들보다 몇 배로 일해야 남들만큼 살 수 있었으니까요. 내가 남들에게 꿇려 기죽지 않고, 남들만큼 당당히 살 수 있도록 엄마는 돈을 벌었어요.

그렇게 돈은 엄마가 가질 수 있었던 모든 것이었고, 엄마는 그 모든 것을 나에게 주었어요. 엄마는 다른 모든 걸 포기함으로써 자신이 가질 수 있었던 유일한 것을 나에게 전부 다 주었어요. 엄마에겐 내가 유일했으니까요.

엄마, 엄마에게 대체 무슨 잘못이 있나요? 엄마는 나에게 어린 시절의 트라우마를 안겨주었잖아요. 아빠가 집을 나간 어느 날, 엄마는 나를 데리고 옥상에 올라가 같이 죽자고 말했어요. 무서워 울기만 하던 나는 엄마와 불안정 애착을 형성하게 되었죠.

엄마는 자신의 모든 삶을 걸고 간절히 알고 싶었으니까요. 이렇게 이미 죽은 자처럼 무가치하게 버려진 자신이라도, 죽지 말고 나랑 같이 살자고 말해 줄 수 있는 누군가가 이 세상에 정말로 존재하는지를, 그러한 자애의 손길이 이 세상에 정말로 존재하는지를 너무나 간절히 알고 싶었으니까요. 그렇게 엄마는 나를 부처님으로 보고 있었어요. 그리고 자신의 손으로 직접 부처님의 가슴에 날카로운 독화살을 날렸던 것에, 엄마는 잠든 부처님의 얼굴을 보며 매일밤 소리죽여 통곡했죠.

엄마, 엄마에게 대체 무슨 잘못이 있나요? 엄마가 직장일도, 집안일도 홀로 다 떠맡아야 했던 초인이었던 게 잘못이었나요? 엄마가 그러한 와중에도 시간을 내어 자기계발서를 읽으며 발달심리학의 이론에 따라 무조건적인 사랑을 주지 못했던 게 잘못이었나요? 엄마가 신이 될 수 없었던 게 잘못이었나요?

소심해서 친구도 얼마 없던 엄마가, 내 친구를 만들어 주려고 엄마들 모임에 나가 고개숙여 얼굴을 붉힌 채 뻘쭘히 앉아만 있어야 했던 게 그렇게 잘못이었나요? 엄마의 말을 전혀 듣지 않는 아빠에게, 제발 엄마의 목소리가 들리게 하려는 간절한 바람으로 크게 소리 지르는 모습을 나에게 보이게 된 게 그렇게 잘못이었나요? 엄마가 외로워서 죽을 것 같아, 동네 꽃집 아저씨랑 얘기를 좀 하다가 내 저녁을 못챙겨 주게 된 게 그렇게 잘못이었나요?

엄마, 엄마에게 아무 잘못이 없어요. 엄마가 더 강하게 서야 하고, 엄마가 더 중심을 잡아야 하며, 엄마가 더 힘내야 한다는 거짓말들에 속지 마세요. 인간의 모든 문제는 엄마가 양육을 잘못했기 때문이라며 엄마를 죄인으로 모는 재판관들에게 겁먹지 마세요. 자식에게 욕망을 투사하지 않고 건강한 애착을 형성하는 진정한 엄마가 되는 법을 알려주겠다는, 자기 자식들과 사이 안좋은 심리전문가들과 애착을 형성하지 마세요.

엄마, 엄마가 꼭 기억해야 할 건 이거 하나에요. 엄마의 아이인 나에게 아무 문제가 없어요. 그러니 엄마에게도 아무 문제가 없어요. 그렇게 내가 온전하듯, 엄마도 온전하세요.

나는 늘 엄마 편이에요.

,,

모든 게
엄마
때문이에요

""   안녕하세요. 저는 40대 전문직 여성입니다. 법률사무소에서 변호사로 일하고 있고요. 대학교수인 남편과의 사이에 아들을 하나 두고 있습니다. 제 직업이나 저희 가족의 생활 면에서나 누가 보더라도 중간 이상의 생활을 영위하고 있습니다. 이처럼 객관적으로는 충분히 만족할 만한 조건인데도 저에겐 여전히 불만스러운 부분이 있는 것 같아요. 특히 관계에 대한 부분이 그렇습니다. 다들 저한테 도움만 요청하고 매달리기만 해서 그게 피곤하고 힘듭니다. 그건 그 사람 문제니까 그냥 놔둬야지 하면서도 자꾸만 힘든 얘기를 하는 안쓰러운 상대를 보면 그 사람 얘기를 계속 들어주게 됩니다. 그러다 보면 제 자신이 너무 지치고요. 그래서 제가 좀 거리를 두려 하면 사람들은 저를 냉정한 사람으로 보기도 합니다. 제가 얼마나 자기들 힘든 얘기를 많이 들어주고 도와주려 했는데 조금 힘들어서 거리를 두면 그렇게 바로 냉정한 사람 취급하는 게 너무 속상하고 마음이 안 좋습니다. 사람들과 대체 어떻게 관계해야 할지를 모르겠어요. 다들 이기적으로 자기 생각만 하는 게 꼭 저희 엄마를 보는 것 같습니다. 저희 엄마가 그러한 사람들처럼 자기 좋을 때만 저에게 잘해 주고 늘 차가웠거든요. 엄마는 저에게 늘 살갑지 못한 타인, 어쩌면 타인보다도 더 멀게 느껴지는 사람이었습니다. 제가 관계를 잘 못하게 된 이유가 바로 그런 엄마에게 인정받고자 힘들었던 까닭에, 그 습이 남아서 엄마 같은 사람들을 만날 때면 똑같은 문제가 발생하는 것 같습니다. 어떻게 하면 될까요?

,,

:: 　　　안녕하세요. 객관적으로 좋은 조건을 성취한 모습에도 불구하고, 타인과 어떻게 관계 맺어야 할지를 모르겠어서

불만족스러워 하시는군요. 무언가가 불만족스럽다는 것은 얻지 못한 무언가가 있다는 얘기죠. 그렇다면 질문자 님은 관계에서 어떤 것을 얻지 못해 불만족스러우신 걸까요? 실제로 질문자 님이 관계에서 드러내는 모습은 안쓰러운 타인을 위해 애쓰고 그에게 도움을 주려는 모습인 것 같습니다. 그리고 그러한 모습을 견지하다 보니 지치게 되고, 지쳐서 관계에서 좀 거리를 두게 될 때, 사람들로부터 받게 되는 냉정한 사람이라는 평가에 힘들어 하시는 것 같습니다.

결과적으로 질문자 님은 관계 속에서 냉정한 사람이라는 평가를 얻게 되셨고 바로 그게 힘드신 거잖아요. 그렇다면 질문자 님이 정말로 얻고 싶었던 것은 그 반대의 평가, 즉 따듯하고 상냥한 사람이라는 평가인 것 같습니다. 질문자 님이 속상하신 이유 또한, 질문자 님은 타인에게 따듯하고 상냥한 사람으로서 스스로를 경험하시는데, 자꾸만 그와는 반대의 평가를 받게 되는 현실에서 기인할 것입니다.

이러한 현재의 질문자 님의 관계 속의 모습이, 실은 질문자 님의 어머니의 모습과 같다는 이해는 중요할 것입니다. 즉, 질문자 님이 이기적으로 보는 타인의 모습이 질문자 님의 어머니의 모습이 아니라, 타인에게 친절하게 대하고자 하는 현재의

우리가 관계를 우리 자신의 능력에
의거해서 구축하고자 하는 움직임은 필연적으로
타인을 무시하는 결과를 낳습니다.

질문자 님의 모습이 바로 질문자 님의 어머니의 모습이라는 것입니다.

질문자 님의 어머니가 질문자 님으로부터 차가운 사람이라는 평가를 얻게 된 이유는 질문자 님이 타인으로부터 냉정한 사람이라는 평가를 얻게 된 그 이유와 동일합니다. 질문자 님이 자꾸만 사람들을 안타깝게 보며 도와주려는 마음을 크게 가지시는 것처럼, 질문자 님의 어머니 또한 질문자 님을 안타깝게 보며 도와주려는 마음을 크게 내셨던 까닭입니다. 그러다 보니 지치고 힘들어서 관계에서 거리를 조금 두게 됨에 따라, 질문자 님의 어머니는 질문자 님과 마찬가지로 냉정한 사람이라는 평가를 얻게 되었던 것입니다.

그렇다면 질문자 님의 어머니 또한 질문자 님만큼이나 속상하셨을 것이라는 사실 또한 우리는 발견할 수 있습니다. 질문자 님이 사람들에게 하셨던 것처럼, 질문자 님의 어머니 또한 그렇게 질문자 님에게 최선을 다하셨지만, 결과적으로는 당신이 얻고자 했던 그 반대의 평가를 얻게 되었던 까닭입니다.

대체 왜 이러한 일이 일어나는 걸까요? 왜 우리는 그토록 관계 속에서 노력했지만, 우리가 얻고 싶었던 그 반대의 것을 얻게 되는 걸까요? 그 이유는 바로 우리 자신의 힘으로 관계를 성취하려고 하기 때문입니다. 타인이 늘 우리에게 도와달라고 만 하는 것처럼 보인다는 것은, 실은 우리가 그러한 구원자의 역할을 항시 자처하고 있는 것입니다. 이는 우리가 타인을 도울 수 있는 힘 있고 유능한 구원자의 모습을 통해서만 관계를 성취하고자 한다는 얘기입니다. 즉, 관계의 성취를 우리 자신의 능력의 문제로 간주한다는 것이죠.

그렇게 우리가 관계를 우리 자신의 능력에 의거해서 구축하고자 하는 움직임은 필연적으로 타인을 무시하는 결과를 낳습니다. 관계라는 것은 상호적인 것인데, 이 관계에서 우리의 능력의 중요성을 강조하면 하는 만큼, 타인의 중요성은 줄어드는 까닭입니다. 동시에 애초 상호적인 만남으로서만 구성될 수 있는 것이 관계인 까닭에, 그 관계 속에서 우리가 홀로 아무리 노력해봤자 이는 반복되는 자기소진과 지침만을 경험하게 할 뿐입니다.

즉, 질문자 님이 관계에서 경험하시는 힘겨움은, 질문자 님의 어머니와 마찬가지로, 타인을 보려하기보다는, 오직 타인을 돌보고 구원하고자 하는 질문자 님의 능력으로만 관계를 주도하려 했던 까닭에 야기된 문제입니다.

질문자 님이 관계에서 원하시는 것은 명확합니다. 따뜻하고 상냥한 사람으로 드러나는 것, 즉 사람들이 친밀한 관계에서 느끼는 것입니다. 바로 이 관계에서의 친밀감이 질문자 님이 원하시는 것입니다. 그리고 이 친밀감을 본인의 유능한 능력으로 얻으실 수 있다고 그 방법론을 조금 오해하셨던 것입니다.

질문자 님이 어머니를 살갑지 못하다고 느꼈던 이유는, 어머니가 질문자 님과 진솔한 대화를 나누기보다는, 질문자 님을 돕는 유능한 역할로서만 질문자 님을 대했던 까닭일 것입니다. 그렇다면 질문자 님이 관계 속에서 친밀감의 소망을 이루기 위해 움직이셔야 할 방향성은 그 반대쪽입니다. 유능한 역할로서가 아닌, 사람들과 친해지고 싶다는 질문자 님의 솔직한 심정을 사람들에게 드러내 보세요. 그 솔직한 심정이 사람들에게 친밀함으로 다가가게 되고, 그 친밀함에 대한 또 다른 친밀함으로 사람들이 응답할 때 맺어지는 것이 바로 관계입니다.

그동안 감사했습니다
늘 그리운 당신이십니다

"똑똑똑."

문 두드리는 소리와 함께 시작되었던 짧은 여행이 이제 아쉬운 작별의 때를 맞이하게 되었습니다. 귀한 기회를 얻어 〈불교신문〉 상담칼럼란에 연재되었던 이 글들은 바로 여행길마다 띄워보냈던 편지이기도 했습니다. 그 여행길 위에는 울고, 웃고, 때로는 화내고 속상해하며, 외로워하고, 그리워 밤을 지새던 생생한 마음의 표정들이 늘 가장 온전한 자리에 놓여 있었고, 그 자리에는 반드시 그 표정들과의 설레는 만남이 존재했습니다.

그리고 그 모든 만남에는 반드시 끝이 있었습니다. 우리의 단 한 번뿐인 이 삶과 같이, 우리가 만났던 지금의 이 형상 그대로 다시는 또 만날 수 없다는 사실을 우리는 너무나 잘 알고 있었고, 그래서 더욱 그리웠습니다. 모든 것이 다 그렇게 지나갈 것들이었습니다. 언젠가 반드시 사라질 모든 것들이었던 것입니다. 그래서 우리는 어느덧 눈치채게 되었습니다. 지금 우리의 앞에 있는 그 생생한 표정을 만날 기회는 지금 이 순간, 지금 이 단 한 번뿐이라는 사실을요. 우리의 삶은 언제나 우리에게 단 한 번뿐인 기회였던 것입니다. 불현듯 찾아왔다가 홀연히 사라져 갈 마음을 만날 수 있는 유일한 기회였던 것입니다.

그렇습니다. 우리는 만나기 위해 이 세상에 왔습니다. 너무나도 그리워서 만나기 위해 이 대지를 밟았습니다. 마음이 너무나도 그리워서 마음을 만나기 위해 이 여행을 떠나왔습니다. 우리가 마음에서 벗어나기 위해서가 아니라, 마음을 경험하기 위해 이 세상에 왔다는 이 반가운 만남의 감수성이 이 짧은 여행의 편지들을 통해 전하고자 했던 모든 것일 것입니다.

그렇게 바로 우리가 문을 두드리는 자였습니다. 우리는 여행길마다 정성스레 문을 두드리며, 그 무수한 문들 뒤편에서 저마다 가장 고유한 형상을 드러내며 우리를 맞아줄 마음의 표

지금 우리의 앞에 있는

　그 생생한 표정을 만날 기회는 지금 이 순간.

지금 이 단 한 번뿐이라는 사실을요.

정들을 만나고자 했습니다. 이 문 뒤에는 어떤 아름다운 얼굴과의 만남이 있을까, 그리움 속에 문이 열리기를 설레어 기다리며 기꺼이 마음을 알고 마음과 친해지고자 떠난 여행길이었습니다.

그리고 우리는 이내 알게 되었습니다. 우리가 마음이 그리워 마음을 만나기 위해 여행을 떠났던 만큼이나, 마음 또한 우리를 그리워하고 있었다는 사실을요. 우리가 조심스럽게 그러나 분명하게 문을 두드리는 소리를 마음 또한 계속해서 기다리고 있었다는 사실을요.

늘 그리운 당신이 이 세상에 존재하고 있었습니다. 마음에게 늘 그리운 당신이 분명히 이 세상에 존재하고 있었습니다. 우리는 마음에게 늘 그리운 당신이었습니다.

서로를 그리는 둘이, 서로의 그리움을 알아, 서로를 하나로 만나는 이 유구한 역사를 우리는 상담이라고도, 사랑이라고도, 삶이라고도 부를 것입니다. 반복되고 또 반복되어도 늘 반가운 이야기일 것입니다.

살아 있어 주셔서 감사합니다.

그동안 감사했습니다. 늘 그리운 당신이십니다.

"똑똑똑."

내 마음,
어디까지 알고 있니?

내 마음, 어디까지 알고 있니?

초판 1쇄 인쇄일   2017년 5월 30일
초판 1쇄 발행일   2017년 6월 5일

글   임인구
그림   용정운

발행인   자승스님(이경식)
발행처   대한불교조계종 불교신문사

편집인   박기련
책임편집   하정은

출판등록   2007년 9월 7일(등록 제300-207-133호)
주소   서울시 종로구 우정국로 67 전법회관 5층
전화   02)730-4488
팩스   02)3210-0179
e-mail   ibulgyo@ibulgyo.com

ISBN 978-89-960136-5-5   03180

값 13,800원